Im Knaur Taschenbuch Verlag ist bereits
folgendes Buch der Autorin erschienen:
Liebe in Zeiten der Champions League

Über die Autorin:
Jessica Kastrop wurde zwei Tage vor dem Eröffnungsspiel der WM 1974 geboren, was den Grundstein für ihre Fußballbegeisterung legte. Einige Jahre arbeitete sie als Print-Journalistin, u. a. als Sportredakteurin bei der »Bild«-Zeitung. Seit 2009 moderiert sie die Bundesliga und die Europa League auf Sky. Außerdem präsentierte sie die »TV Total PokerStars« auf ProSieben. Jessica Kastrop lebt in München.

JESSICA KASTROP

BLOND KICKT GUT

Bekenntnisse einer Fußballreporterin

Besuchen Sie uns im Internet:
www.knaur.de

Originalausgabe Dezember 2013
Knaur Taschenbuch
© 2013 Knaur Taschenbuch
Ein Unternehmen der Droemerschen Verlagsanstalt
Th. Knaur Nachf. GmbH & Co. KG, München
Alle Rechte vorbehalten. Das Werk darf – auch teilweise –
nur mit Genehmigung des Verlags wiedergegeben werden.
Umschlaggestaltung: ZERO Werbeagentur, München
Umschlagabbildung: © Sky/Andreas Hoffmann
Wir danken Sky Deutschland Fernsehen
für die Überlassung des Bildmaterials.
Satz: Adobe InDesign im Verlag
Druck und Bindung: CPI books GmbH, Leck
ISBN 978-3-426-78618-5

2 4 5 3 1

*Für meine Eltern,
in Liebe und Dankbarkeit.*

Allen Fußballfans gewidmet.

»Man soll sich nie mit einer Sache gemeinmachen.
Auch nicht mit einer guten.«
Hanns Joachim Friedrichs

»Der Fußball hat mir alles gegeben. Alles.«
Günter Netzer

»Erfolg dauert nicht ewig. Misserfolg ist kein Verhängnis.
Den Mut zu haben weiterzumachen, das zählt.«
Sir Winston Churchill

Inhalt

Einleitung

Die erste Frage an mich ist immer die gleiche. Zumeist zögert der Fragesteller kurz, räuspert sich, um dann schließlich in Windeseile die entscheidenden fünf Wörter herauszupressen: »Hat das eigentlich weh getan?«

Fünf Wörter.

Hat – das – eigentlich – weh – getan.

Ja, hat es.

Sehr sogar.

Manchmal überlege ich, mir diese fünf Wörter später in den Grabstein meißeln zu lassen. Dort würde die Frage schließlich einen tieferen Sinn ergeben, der tragikomische Gedanke einer Lebens-Überschrift:

»Hat das eigentlich weh getan?«

Was? Das Leben? Tut das Leben weh? Oft. Manchmal. Meistens. Je nachdem. Kann schon mal passieren, muss aber nicht. Immer öfter ist es einfach großartig.

Der Tag, der mein Leben verändern sollte, begann unspektakulär. Es war ein Sonntag im August, und ich musste wie jedes Wochenende zur Arbeit. Als Sportreporterin kann ich die freien Wochenenden im Jahr schließlich an zwei Händen abzählen. Mainz 05 spielte gegen den VfB Stuttgart, und so nahm ich von München aus eine frühe Maschine nach Frankfurt, eilte nach der Landung sofort zum Mietwagenschalter, wo mir ein freundlicher Mitarbeiter netterweise ein Auto aus einer höheren Wagenklasse gab als die, die ich gebucht hatte (»Sie sehen nicht so aus, als ob Sie einen Kleinwagen fahren möchten«), und nahm den direkten Weg ins Mainzer Bruchwegstadion.

Unsere Übertragung begann um 15.15 Uhr. Conny Luttringer war für die Regie verantwortlich, Christine Neu hatte mich so weit wie möglich restauriert, und mein erster Gesprächspartner war Stuttgarts Sportdirektor und heutiger Vorstand Fredi Bobic.

Gegen 15.19 Uhr, also vier Minuten nach Sendestart, ich moderierte gerade ein Interview meines Kollegen Simon Südel mit dem damaligen VfB-Trainer Christian Gross an, traf mich urplötzlich ein Schuss von Khalid Boulahrouz aus rund vierzig Meter Entfernung direkt am Hinterkopf. Autsch!

Das Geschoss entwickelte eine solche Wucht, dass ich mit der Stirn auf die Tischplatte des Moderationspultes knallte. Das Mikrofon fiel mir beinahe aus der Hand, vor meinem inneren Auge tanzten Millionen von Sternen. Völlig verdattert flüsterte ich der Regisseurin zu: »Conny, war das jetzt eben noch zu sehen?« Leise sagte sie: »Ja, meine Liebe, das war es ...«

Mir dröhnte der Schädel, doch es half nichts. The Show must go on! Ich musste weitermoderieren. Es war eine Live-Sendung, viele Menschen zählten auf mich, und ich wollte niemanden enttäuschen. Die Kopfschmerzen ebbten rasch ab, doch ich fühlte mich, als ob ich in einer großen Wattewolke schwebte. Alle Geräusche erschienen mir weit weg und irgendwie dumpf. Als ich am späten Abend wieder zu Hause in München ankam, schob ich das Erlebte innerlich in eine kleine Schublade, wollte diese abschließen und den Schlüssel in die Isar werfen. Doch da hatte ich die Rechnung ohne das Internet gemacht.

Das Video mit meinem »Kopfball« landete noch am gleichen Tag auf »YouTube« und verzeichnete binnen Stunden zigtausend Klicks. Dann rief noch ein Reporter der »Bild«-Zeitung an und fragte, ob es in Ordnung sei, wenn der Springer-Verlag den Ausschnitt auch auf seiner Plattform »bild.de« zeige. Es sollte nicht das letzte Mal sein, dass ich unvermutet an den schmerzhaften Zwischenfall erinnert wurde.

Deshalb lautet die Antwort auf die Eingangsfrage: Ja. Es hat weh getan, ziemlich sogar. Im Nachhinein bin ich dem Schützen Khalid Boulahrouz aber sehr, sehr dankbar, denn ich betrachte diesen »Kopfball« fortan als Wink des Universums.

Über zwanzig Millionen Menschen sahen den Clip im Internet oder im Fernsehen, und sie alle mussten schmunzeln. Sollte ich dementsprechend zwanzig Millionen Menschen ein Lächeln aufs Gesicht gezaubert haben, so war es den Schmerz hundertprozentig wert. Die »Bild« schenkte mir eine Schlagzeile mit den Wörtern »schön« und »weltberühmt« darin. Wenn es am besten ist, soll man bekanntlich aufhören, aber dazu fehlten mir dann doch die Mittel. Außerdem sehe ich den »Kopfball« nur als Nebenprodukt meiner Arbeit, auch wenn ich sehr gut die Macht der Bilder verstehe, eine Macht, der man sich eben nicht so leicht entziehen kann.

Merkwürdige Szenen am Spielfeldrand können skurrile Folgen haben. Jessica Kastrop, nun also auch bekannt für Pleiten, Pech und Pannen, das kann ich absolut mit Humor nehmen. Mittlerweile blicke ich auf zwanzig Jahre Sportjournalismus zurück und darf jedes Wochenende dabei sein, wenn die Bundesliga ihre Tore öffnet, und kenne fast jedes Stadion in Europa. Fußball ist seit Jahren meine größte Leidenschaft, mehr als nur ein Hobby, und wenn ich an einem Spieltag im Herbst den Rasen rieche, dann bin ich mir zu hundert Prozent sicher, dass ich nirgendwo anders hingehöre. Der Fußball hat mir alles gegeben, und ich kann nicht ohne ihn sein. Auf der Gala zu 50 Jahren Bundesliga in Berlin war ich eine der ganz wenigen Frauen und sehr stolz darauf, eingeladen worden zu sein. Es fühlte sich an wie ein Klassentreffen, nur dass man immer gerne zur Schule gegangen ist.

Ich liebe meinen Beruf über alles, auch wenn es Phasen gab, in denen ich daran gezweifelt habe, ob mir beim Marathon in dieser Männerdomäne nicht doch irgendwann die Puste ausgeht. Denn dass eine Frau am Spielfeldrand steht und von der Bundesliga berichtet, hat für viele immer noch den Charme eines Kanarienvogels inmitten eines Schwarms Spatzen.

Und wenn jeder Mann für Bemerkungen wie »Die hat doch keine Ahnung von Fußball« nur einen Euro in eine Chauvinisten-Kasse blechen müsste, wäre ich sicher auch keine arme Frau. Dennoch spüre ich natürlich, dass sich die Dinge verändern, und das ist gut so.

Mädchen spielen Fußball, Frauen leiten IT-Unternehmen, und trotzdem gibt es so gut wie keine Frauen in Führungspositionen in DAX-Konzernen. Immer noch ist das Gehaltsgefälle zwischen Männern und Frauen bei gleichen Berufen viel zu groß in Deutschland. Und immer noch sitzen die Herren recht alleine in ihrem Ingenieursstudium. Es wäre doch schön, wenn mehr Frauen sich trauten, Berufe zu ergreifen, die nicht unbedingt auf den ersten Blick übermäßig weiblich erscheinen. Wir leben schließlich im 21. Jahrhundert, und die Erde ist nach neuerem Wissensstand keine Scheibe!

Mittlerweile kann ich mir ein Leben außerhalb der »Männerdomäne« Bundesliga gar nicht mehr vorstellen. Und ein Leben ohne die zahlreichen männlichen Kollegen auch nicht. Glücklich »allein« unter Männern? Das ist nicht immer einfach, aber durchaus möglich.

Mein Vater hat mir gepredigt: »Du darfst immer wieder hinfallen, aber du darfst nicht k. o. gehen.« Pannen-Jessi ist oft hingefallen, bislang aber auch immer wieder aufgestanden. Ich habe auch nicht vor, das zu ändern.

Das Leben gestaltet sich ohnehin stets nach dem gleichen Motto: Erstens kommt es anders und zweitens, als man denkt. Und das nicht nur für die Menschen, die irgendwann den Tipp bekommen, ab 18 Uhr keine feste Nahrung mehr zu sich zu nehmen, um ihr Körpergewicht zu halbieren. Das funktioniert auch nur bedingt.

Wenn Ihnen Ihr Traummann vors Auto läuft, wäre es wünschenswert, dass Sie nicht schneller als Tempo 30 fahren. Und wenn einem ein Ball an den Kopf knallt, sollte man besser darauf vorbereitet sein.

Umso merkwürdiger, dass ich zwar Sportreporterin bin, aber sehr schlecht kicken kann. Mir wurde bereits früh mangelndes Ballgefühl attestiert. Trotzdem hat mir das Leben im Laufe von zwanzig Jahren im Sportjournalismus ganz wunderbare Pässe vor die Füße gespielt, skurrile, interessante, traurige, spannende, verrückte, magische und auch tragische Dinge, die ich hier in diesem Buch aufgeschrieben habe, das doch weit mehr geworden ist als nur eine Reise durch die Fußballstadien.

Ich wünsche Ihnen viel Spaß mit meinen Geschichten.

Teil eins:

Mit dem Moped
auf den Betzenberg

Landluft-Kindheit

Mit dem runden Leder kam ich zum ersten Mal in Berührung, als ich drei Tage alt war. Ich hatte am 11. Juni per Kaiserschnitt das Licht der Welt erblickt, knapp achtundvierzig Stunden vor dem Eröffnungsspiel der Weltmeisterschaft 74, Jugoslawien gegen Brasilien. Ergebnis: null zu null. Da es sich dabei, also nicht bei dem Spiel, um eine recht komplizierte Geburt gehandelt hatte, waren meine Mutter und ich gezwungen, noch einige Tage im Krankenhaus zu bleiben. Und das während der Weltmeisterschaft im eigenen Land!

Mein Vater schleppte in Anbetracht dieser Tatsache für ihn folgerichtig den damals ersten und einzigen Fernseher auf die Neugeborenenstation der Klinik. Das erste Spiel, das ich als Baby gezwungenermaßen schaute, war das 1:0 der deutschen Nationalmannschaft gegen Chile. Paul Breitner erzielte den Siegtreffer in der 18. Minute, die ganze Station jubelte, und ich habe wohl den Großteil dieses ersten Spiels, das das deutsche Team auch nur mit viel Mühe gewinnen konnte, großzügig verschlafen. Wir sahen gemeinsam dann noch das 3:0 gegen Außenseiter Australien und die historische Niederlage gegen die DDR.

Und so wurde mir meine Leidenschaft vielleicht nicht in die Wiege gelegt, aber zumindest neben das Bett gestellt. Schon früh wurde ich Zeugin der verbindenden Wirkung des Fußballs, denn unser Zimmer war jeden Tag bevölkert von diversen anderen Vätern und Müttern, die sich das Großereignis nicht entgehen lassen wollten. Mein Vater trägt übrigens noch heute die gleiche Frisur wie Günter Netzer, nur an den Ohren etwas kürzer.

Für Netzer sollte diese WM eine Enttäuschung werden. Und als Deutschland mit Beckenbauer, Maier, Breitner, Schwarzenbeck,

Overath etc., aber eben ohne Netzer mit einem 2:1-Sieg über brillante Holländer am 7. Juli 1974 Weltmeister wurde, hatte ich bereits mit meinen Eltern die Klinik verlassen. Erst später erfuhr ich, dass den Helden als Prämie damals 60 000 D-Mark bezahlt wurden, und obendrauf gab es einen VW-Käfer.

Ich verschlief auch den Eklat, zu dem es beim Festbankett kam. Der DFB hatte die Frauen nicht eingeladen, worüber Gerd Müller und Wolfgang Overath so erbost waren, dass sie sofort aus der Nationalmannschaft austraten.

Und so wie es für die deutschen Helden einige Jahre bis zum nächsten Titel dauern sollte, brauchte auch ich Zeit, bis sich mein postnatales Erlebnis zu einer Leidenschaft entfalten sollte. Was es aber fast zwangsläufig tat, eine Frage der Gene, denn mein Vater stammt aus dem Ruhrgebiet, wo Fußball als Religion leicht dem Christentum den Rang abläuft. Meine Mutter stammt aus Oberschlesien, sie ist also entschuldigt, dass sie keinen Fußballvirus in sich trägt.

Meine Mutter musste mit meiner Großmutter und zwei Geschwistern Anfang 1945 aus ihrer Heimat fliehen. Die »große Flucht« entwickelte sich im Januar und Februar 1945 in Schlesien, Pommern und Westpommern zu einer Massenbewegung, Tausende verließen ihre Häuser, ließen all ihr Hab und Gut zurück und flüchteten vor der heranrückenden Roten Armee Richtung Westen. Meine Großmutter versuchte, sich und ihre Kinder mit dem Allernotwendigsten in Sicherheit zu bringen – mit einem Bollerwagen, bei Minustemperaturen und in ständiger Angst, von der Front eingeholt zu werden.

Monatelang dauerte die Irrfahrt meiner Mutter, und niemand wusste zu der Zeit, ob mein Großvater überhaupt noch lebte, geschweige denn, wo er sich befand. Im Februar 1945 erkrankten meine Mutter und ihr älterer Bruder an Scharlach, was ihnen kurioserweise das Leben rettete. Denn das Fluchtziel meiner Großmutter lautete eigentlich Dresden. Eine Stadt, die noch als Verkehrsknotenpunkt galt und demnach als Anlaufpunkt für Flüchtlinge aus allen Ostgebieten diente. Meine Großmutter wäre exakt zur großen Bombardierungswelle vom 13. bis 15. Februar 1945 dort angekommen, wenn die beiden kranken Kinder sie nicht an der Weiterreise gehindert hätten. Wer weiß, ob sie die vier Angriffswellen der Royal Air Force überlebt hätten, bei denen insgesamt rund 25 000 Menschen starben.

Während der Flucht hörte meine Mutter auf zu sprechen. Sie war knapp zwei Jahre alt und hatte vor der beschwerlichen Flucht schon viele Wörter vor sich hin geplappert. Aber in den Kriegswirren beschloss sie wohl, keinen Mucks mehr von sich zu geben. Es dauerte mehrere Monate, bis sie langsam wieder anfing zu reden.

Nach Monaten der Entbehrungen erreichten meine Großmutter und die Kinder schließlich das Saarland. So wuchs meine Mutter im beschaulichen Göttelborn auf. Die Familie hatte jeglichen Besitz in Oberschlesien zurücklassen müssen. Glücklicherweise kehrte zumindest mein Großvater unversehrt aus dem Krieg zurück. Die kleine Jutta liebte schöne Kleider und brachte sich selbst das Nähen bei. Sie wollte Mode studieren, fügte sich aber dem Willen ihrer Familie, die einen anderen Beruf für sie vorgesehen hatte: den der Lehrerin.

Meine Eltern lernten sich an der Universität Saarbrücken kennen, genauer gesagt bei einem Skiausflug, den die Uni organisiert hatte. Gemeinsam fanden sie nach dem Studium schließlich Stellen in Pirmasens, einer kleinen Stadt in der Westpfalz, deren Charme sich nicht immer auf den ersten Blick erschließt. Allerdings liegt sie wunderschön im größten zusammenhängenden europäischen Waldgebiet, dem Pfälzer Wald, und es sind nur zehn Minuten zur französischen Grenze.

Der Ort durfte sich rühmen, einst das Mekka der deutschen Schuhindustrie gewesen zu sein, in 310 Fabriken wurden Leisten gezimmert, Lederstücke zusammengenäht und schließlich qualitativ hochwertige Damen- oder Herrentreter gefertigt. Heute existieren leider nicht einmal mehr 40 Unternehmen, und davon produzieren die meisten auch noch im Ausland, was wiederum erklärt, warum die Arbeitslosenquote in Hochzeiten bei rund 20 Prozent lag und von ursprünglich 60 000 Einwohnern gerade mal 40 000 übrig geblieben sind. Eigentlich schade, denn die Stadt hat einiges zu bieten, unter anderem den FK Pirmasens, der zweimal an der ersten Bundesliga anklopfte, aber beide Male in der Relegation scheiterte. Aus ökologischen Gründen wurde in den Achtzigern ein Autobahnanschluss verhindert (»Stoppt den Wahn – durch den Pfälzer Wald keine Autobahn«), was es der Region wirtschaftlich noch schwerer machte. Immerhin gibt es jetzt aber eine Rehbrücke und sichere Krötenwanderungen.

Meine Kindheit verlief glücklich in einer Doppelhaushälfte am Stadtrand von Pirmasens, in dem schönen Stadtteil »Ruhbank«.

Die Sommer verbrachten wir meistens im Ruhrgebiet, wo mein Vater versuchte, mir in der Auffahrt zum Haus meiner Großmutter, Federball beizubringen. Doch wenn ich aufschlug und den Schläger zum Ball bringen wollte, landete der Federball auf dem Boden. Es war zum Heulen, und ich vermute, das tat ich auch. Oft und ausgiebig. Bei 20 Versuchen traf ich den vermaledeiten Federball vielleicht fünfmal. Und das schätze ich mit dem verklärten Blick auf die Vergangenheit.

Mein Vater behauptete, ich hätte Probleme mit der Auge-Hand-Koordination. Bis heute bewundere ich es, wenn Typen wie Per Mertesacker oder Alex Meier von Eintracht Frankfurt mit über 1,90 Metern zum Seitfallzieher ansetzen. Da frage ich mich, wie die das mit der Koordination hinbekommen. Wo das doch bei der Größe viel länger dauern muss, bis der Befehl vom Hirn im Fuß angekommen ist ... Erstaunlicherweise bekam ich im Turnen und Tanzen immer eine Eins ...

Ein Fußball-Probetraining im zarten Alter von vier Jahren beim

SV Ruhbank endete in einem Desaster, daher gaben sich meine Eltern dankenswerterweise nie mehr die Mühe, mich zu irgendeiner Ballsportart zu drängen.

Ich tat also, was alle braven Töchter taten: Klavier spielen, Turnen, Reiten. Für Letzteres musste ich Jahre kämpfen, aber irgendwann gaben meine Altvorderen ihren Widerstand auf und kutschierten mich zweimal die Woche und noch öfter quer durch die Stadt zur Reithalle. Ehrlich gesagt waren das meine glücklichsten Stunden, im Reitverein bei meinem Pflegepferd Igor. Der hübsche Fuchs wurde allerdings kurz darauf verkauft, und meine Reiterkarriere fand ein jähes Ende.

Die Tatsache, dass ich mich in der Männerwelt gut zurechtfinde, liegt vielleicht auch daran, dass ich zur Spezies der Papakinder gehöre. Wenn mein Vater etwas nicht aß, dann mochte ich es auch nicht. Meine Mutter berichtet noch heute von einem Familienurlaub in Cavalaire an der Côte d'Azur in einer Ferienwohnung, als ich beim Mittagessen zu ihr gesagt haben soll: »Mami, der Fisch schmeckt köstlich.« Damals war ich gerade einmal drei Jahre alt. Dabei hatte ich den Fisch aber – genau wie mein Vater – nicht einmal angerührt.

Die Stunden mit ihm vor dem Fernseher, in dem die »Sportschau« lief, waren uns heilig, genauso wie die vielen Skirennen, die wir uns gemeinsam angeschaut haben. Meine fußballerischen Helden hießen Hans-Peter Briegel, Karl-Heinz Feldkamp und Ronnie Hellström, bei den Skirennen fieberte ich mit Pirmin Zurbriggen, Marc Girardelli und vor allem Alberto Tomba, den mein Vater sehr verehrte. Ich also auch. Da mein Vater italienische Namen liebte, brachte er mir die komplette italienische Nationalmannschaft nahe, die Weltmeisterspieler von 1982 wie Alessandro Altobelli, Marco Tardelli, Guiseppe Bergomi, Dino Zoff, Paolo Rossi, Franco Causio und, und, und.

Mein erstes Panini-Album bekam ich zur gleichen Zeit, und vermutlich war das 1:3 gegen Italien im Finale der Weltmeisterschaft in Spanien mein erster bewusst erlebter Fußball-Frust, der sich in überschaubaren Grenzen hielt, da ich mich ja auch dem mir namentlich so vertrauten italienischen Team verbunden fühlte. Man kann sich die Dinge aber auch schönreden …

Unabhängig von den Nationalhelden verbrachten wir unsere Urlaube mehrfach in Santa Maria di Castellabate, einem kleinen italienischen Fischerdorf eine Stunde südlich von Neapel. Vom Speisesaal des Hotels aus konnte man abends die rote Sonne bei Capri untergehen sehen. Meine Eltern schleppten mich durch Pompeji und Herculaneum, sie kümmerten sich rührend um mich, aber ich hing meinem Vater erst wirklich an den Lippen, wenn er von Diego Armando Maradona erzählte.

Es war die Zeit, als sich Maradona gerade für die Rekordsumme von heute umgerechnet 12 Millionen Euro dem SSC Neapel angeschlossen hatte. Bei seiner Vorstellung vor 75 000 (!) Zuschauern jonglierte er eine halbe Stunde mit einer Zitrone auf dem Fuß. Bis heute ist fraglich, wie der Verein die unglaubliche Ablösesumme aufbringen konnte, denn Neapel war bis dato nie Meister gewesen und dümpelte eher im Mittelfeld der Liga.

Doch mit Maradona verbanden die Menschen in Neapel die Hoffnung auf eine erfolgreiche Zukunft, sie wollten endlich den wirtschaftlich stärkeren und erfolgreicheren Vereinen aus Norditalien Paroli bieten. Für sie war Diego mehr als ein Fußballspieler, und für meinen Vater auch.

Mit Maradona wurde Neapel zum ersten Mal in der Vereinsgeschichte italienischer Meister, dann italienischer Pokalsieger, schließlich Uefa-Cup-Sieger 1988/89 und italienischer Supercupsieger 1989/90. Nach Maradonas Zeit wurde das Trikot mit der Nummer zehn nicht mehr vergeben.

Was ich damals bei aller Heldenverehrung nicht wusste: Maradona häufte in Italien rund 30 Millionen Euro Steuerschulden an, die er nie beglichen hat. Es gibt einen gültigen Haftbefehl, und sollte er italienischen Boden betreten, er würde verhaftet. Überall in Italien. Nur nicht in Neapel. Da hat ihm die Mafia lebenslang Geleitschutz garantiert, zumindest berichten das die italienischen Medien.

Damals jedenfalls liebten die Menschen Maradona, und das nicht nur in Italien, obwohl die Verehrung dort förmlich religiöse Züge annahm. Als sich ein Kollege einmal in Argentinien auf Spurensuche begab, entdeckte er in Buenos Aires einen Maradona-Schrein in dessen Lieblingsbordell. Aber das nur am Rande.

Solche Geschichten erzählte mein Vater natürlich nicht, er mochte einfach diesen verrückten argentinischen Typen, er mochte die Art, wie er spielte. Mein Vater hatte ein Herz für Paradiesvögel und außergewöhnliche Exemplare der Gattung Mensch. Er ist generell ein Freund des kölschen Mottos: »Levve un levve losse.« Oder, wie er es gerne sagt: »Jedem Tierchen sein Pläsierchen.« Deshalb hatte er wohl auch kein Problem damit, als ich mit vierzehn Jahren mit einer Igelfrisur nach Hause kam, während meine Mutter ob des modischen Kurzhaarschnitts überhaupt nicht glücklich war.

Aber ich war bei unseren Italienurlauben. Wir Kinder spielten Flipper an den unzähligen Spielautomaten, in die man damals noch 100-Lire-Stücke einwerfen musste, und wir Mädchen schauten den Jungs beim Fußball am Strand zu. Manchmal kickte sogar mein Vater mit, aber eigentlich lief er lieber stundenlang am Strand entlang, immer mit einem Hemd und einer langen Hose bekleidet, da er eher zum nordeuropäischen Hauttyp zählt. Und auch wenn er jahrelang bei diesen Strandspaziergängen zusätzlich Baseballkappen trug, so erkrankte er doch vor einigen Jahren an Hautkrebs. Ein Stück Haut in Golfballgröße wurde ihm am Kopf wegoperiert, dann nähten sie alles zusammen. Es ist nichts mehr zu sehen, aber mir bleibt die Sorge. Ins Solarium bekommen mich keine zehn Pferde mehr.

Mein Vater wusste, sich seine Ruhemomente zu sichern. Zum Beispiel morgens. Deshalb brachte er meiner Mutter und mir in meiner Kindheit oft das Frühstück ans Bett. Für ihn war das die Gelegenheit, alleine in der Küche zu sitzen und ungestört Zeitung zu lesen. Für mich aber steckte in dieser Geste viel Zuwendung, die mich glücklich machte.

Vielleicht war ich auch deshalb eine gute Schülerin, weil ich jeden Morgen mit dem wunderbaren Gefühl aufstehen durfte, von meinem Vater umsorgt und geliebt zu werden. Lange Zeit hatten wir den gleichen Schulweg, die 1,2 Kilometer bis zum Hugo-Ball-Gymnasium. Mein Vater hat einmal ausgerechnet, dass er in seinen 40 Jahren, in denen er immer zu Fuß zur Arbeit gegangen ist, die Erde etwa zweieinhalb Mal umrundet hat. Per pedes, versteht sich. Lehrer hatte er eigentlich nie werden wollen, zur Debatte standen Fußballer oder Zahnarzt. Dass es für den Profifußballer nicht ganz reichen würde, war leider früh klar. Mein Vater war ein begnadeter Straßenkicker, aber als er dem ETB Schwarz-Weiß Essen beitreten wollte, machte ihm ein Arzt einen Strich durch die Rechnung. Denn der Rainer war viel zu klein und zu schmächtig für sein Alter. »Du bist diesen schweren Bällen noch nicht gewachsen«, sagte er zu dem kleinen Rainer, »deshalb kannst du nicht im Verein spielen.« Es reichte dann immerhin noch zur Straßenmeisterschaft von Essen-Stadtwald mit dem FC Sundernholz. Erst im Alter von achtzehn Jahren machte mein Vater einen Schuss in die Höhe und maß am Ende doch über 1,80 Meter. Da war's dann aber zu spät.

Und so unterrichtete mein Vater Latein und Erdkunde und besaß ein ausgeprägtes Faible für die alten Römer – und für Gerechtigkeit. In seinem Unterricht gab es Gelbe und Rote Karten, und wenn er einen Schüler vor die Tür schickte, nannte er das »Platzverweis«. Ich glaube, mein Vater war streng, aber ich hatte ihn nie im Unterricht, deshalb kann ich es schwer beurteilen. Was ich weiß, ist, dass er immer einen lustigen Spruch auf den Lippen hatte, so dass er von unzähligen Jahrgängen zum beliebtesten Lehrer der Schule gewählt wurde.

Mein Großvater väterlicherseits war kurz nach meiner Geburt gestorben, aber die ganze Familie behauptet steif und fest, dass ich ihm wie aus dem Gesicht geschnitten bin. Das kann sein, ich kenne ihn nur von Fotos, aber ich habe definitiv nicht sein Talent für Mathematik oder das Klavierspiel geerbt. Er starb, als meine Großmutter vierundsiebzig Jahre alt war. Sie sollte noch über 30 Jahre alleine leben, meine Oma wurde nämlich 107 Jahre alt.

Sie war eine bemerkenswerte Frau, mit einer unglaublichen Haltung und Würde. Sie kochte gerne Bohnen-Allerlei, und so schnibbelten wir oft morgens im Laubrockweg in Essen-Überruhr stundenlang Gemüse, knipsten die Enden der grünen Bohnen ab, während sie mir Geschichten erzählte, zum Beispiel von ihrer Mutter und ihrer Tante, die schon in den 20er und 30er Jahren die Schalker vom Bahnhof in Gelsenkirchen abholten und bejubelten, wenn diese wieder Westdeutscher oder Deutscher Meister geworden waren.

Sie selbst war, obwohl 1901 geboren, angeblich nie mitgefahren. Meine Großmutter trieb gern Sport, und sie war unglaublich stolz, dass sie noch mit über 30 das »Goldene Reichssportabzeichen« gemacht hatte, die höchste Auszeichnung der Nazis für den Breitensport. Das war aber auch das Einzige, was sie sich von den Nazis anheften ließ, so dass sie zu ihrem großen Bedauern aus ihrem Beruf als Lehrerin entlassen wurde. Doch da sie die Ideologie nicht teilte, wollte man ihr die Erziehung des wertvollen Nachwuchses nicht mehr überlassen.

Mein Vater wurde während des Zweiten Weltkriegs 1942 geboren und war in seiner Heimatstadt Essen den ständigen Luftangriffen ausgesetzt, dem trommelfellzerreißenden Sirenengeheul, den angstvollen Stunden im Luftschutzkeller. Bis heute kann mein Vater deshalb keine lauten Geräusche ertragen, und wenn er vor dem Fernseher sitzt, versteht man kaum etwas, so leise dreht er das Gerät.

Als mein Vater eineinhalb Jahre alt war, floh meine Großmutter mit ihm nach Österreich. In Wallsee spielte er mit den Urenkeln von Kaiser Franz Joseph, eine Geschichte, die meine Oma gern jedem erzählte, und als schließlich die Russen kamen, baute er sich vor ihnen auf, der Junge mit seinem weißblonden Haar, und lachte sie an. Meiner Großmutter stand das Herz still, doch der kleine Rainer eroberte auch ihre Herzen.

Im Grunde aber war auch meine Großmutter Schalkerin, obwohl sie das nicht gerne zugab. Meine ganze Familie väterlicherseits stammt schließlich seit Generationen aus dem Ruhrgebiet, da wird einem die Fußballbegeisterung gewissermaßen in die Wiege gelegt. Mein Vater hatte eine Schwäche für den bürgerlichen Verein von Essen, den ETB Schwarz-Weiß, der mittlerweile in der 5. Liga zu finden ist. Der größte Erfolg des Vereins war der Pokalsieg 1959. Die Nachbarn, die zum Teil glühende Anhänger von Rot-Weiss Essen waren, konnten sich über nichts so schön aufregen wie über die Misserfolge von RWE. Mein Vater ließ sich selten auf hitzige Debatten ein, aber manchmal schwatzten die Männer stundenlang über Fußball, und selbst wenn ich zu diesem Zeitpunkt noch nicht viel davon verstand, so war mir klar, dass es etwas ganz Besonderes sein musste.

Als Kind habe ich diese Sommer im Ruhrgebiet über alles geliebt. Enten füttern am Baldeneysee, Brombeeren sammeln und ein bisschen Ball spielen mit den Nachbarskindern, trotz mangelnden Könnens. Im Spätsommer 1978 nahm mich mein Vater dann erstmals mit ins Stadion: Borussia Dortmund spielte im Westfalenstadion, dem heutigen Signal-Iduna-Park, gegen Werder Bremen. Viele Erinnerungen habe ich nicht mehr daran, außer dass der BVB gewann, ein 1:0. Doch die besondere Atmosphäre hat mich gefesselt, schon als Vierjährige, und sie sollte mich so schnell nicht mehr loslassen.

Dennoch hatte ich lange Zeit einen ganz anderen Berufswunsch im Kopf. Ich wollte viel höher hinaus, ins Weltall nämlich. Astronautin, das war mein erklärtes Ziel, die erste deutsche Frau in der Galaxie. Schon als Kind hatte ich Raumkreuzer von Lego zusammen- und die Milchstraße in einem Schuhkarton nachgebaut. Und schon da faszinierte mich die Frage, was wohl im Universum außerhalb der Begrenzungen des Schuhkartons zu finden sei. Selbst wenn es Grenzen gibt, dachte ich, so muss doch dahinter auch etwas kommen. Vom möglichen Raum-Zeit-Kontinuum oder einer Raumzeit-Krümmung hatte ich ja keinen blassen Schimmer.

Ich wollte also Astronautin werden, daran gab es keine Zweifel. Allerdings änderte ich dann doch rasch meine Meinung im zarten Alter von elf Jahren, als es zu dem tragischen Challenger-Unglück kam. Es war der 28. Januar 1986, und ich saß gespannt vor dem Fernseher und wartete auf die neue Raumfahrtmission, an der immerhin zwei Frauen teilnahmen, schon damals große Vorbilder für mich. Vor allem Christa McAuliffe, die Soziologie-Lehrerin aus New Hampshire, hatte es mir angetan.

Es war kurz vor 18 Uhr unserer Zeit, meine Eltern und ich fieberten dem zehnten Start der Challenger vom Raumflughafen Cape Canaveral entgegen. Ich liebte den Countdown, diese blecherne Stimme, die herunterzählte: ten – nine – eight – seven – six – five – four – three – two – one – booster ignition. Dann hob Mission STS-51-L ab und zischte in den blauen Himmel über Florida. 73 Sekunden später löste sie sich in von Flammen durchsetzten Wolken auf. Es war keine Explosion, wie die spätere Untersuchung ergab, auch wenn es so aussah. Vielmehr versagte, wie befürchtet, ein Dichtungsring an der rechten Feststoffrakete. Eine Flamme trat aus und zerfraß Halterungen der Rakete, so dass der Metallzylinder ins Schlingern geriet und mit dem externen Treibstofftank kollidierte. Austretender Wasserstoff entzündete sich. Die vier Hauptteile des Shuttles – zwei Feststoffraketen, Treibstofftank und Raumfähre –

flogen auseinander und wurden bei ihren hohen Geschwindigkeiten von den aerodynamischen Kräften zerrissen.

Als die Mission in Rauchwolken endete, sahen vor allem Schulkinder in den USA zu: Die Lehrerin Christa McAuliffe flog als erste Zivilistin ins All, deshalb wurde die Live-Übertragung vom Start in vielen Schulen gezeigt. McAuliffe hätte später zwei Unterrichtsstunden aus dem All halten sollen.

Das Desaster der NASA war die erste Hightech-Katastrophe, die live und in Farbe im Fernsehen zu sehen war. Dabei starben alle sieben Besatzungsmitglieder – und mit ihnen der Eindruck, es gebe schon eine Art Linienverkehr ins All, kaum riskanter als die Fahrt mit dem Vorortbus.

Ich war jedenfalls so geschockt, dass ich meine beruflichen Pläne erst einmal über den Haufen warf. Wie entlarvend, gleich zwei meiner Charaktereigenschaften lassen sich daran ablesen: Ich bin nur sehr begrenzt mutig. Niemals würde ich auf die Idee kommen, einen Bungee-Sprung zu wagen oder mich mit einem Fallschirm aus einem Flugzeug zu stürzen. Jedes allzu große Risiko ist mir ein Greuel, ein gewisses Schisser-Gen zählte schon immer zu meiner psychischen Grundausstattung. Eigentlich erstaunlich, denn Live-Fernsehen macht mir riesigen Spaß. Bis heute vermeide ich ansonsten gefährliche Situationen, und es gab sogar Zeiten, da bin ich äußerst ungern geflogen. Es heißt zwar immer, dass das Flugzeug das sicherste Verkehrsmittel der Welt ist, aber mir ist bewusst, dass es nur eine äußerst geringe Überlebenswahrscheinlichkeit gibt im Falle des Falles. Zuletzt geriet ich bei der Perahera auf Sri Lanka, dem alljährlichen Vollmondfest, in eine unkontrollierte Menschenmasse, und während neben mir noch Mütter mit ihren kleinen Kindern durchhielten, hatte ich bereits große Angst zu ersticken.

Viele Kollegen leben ja für diesen Moment, wenn das Rotlicht angeht und der Leiter der Sendung herunterzählt: »Noch fünf, noch vier, drei, zwei, eins – und sprechen!« Sie genießen das Adrenalin, das dann durch ihre Adern gepumpt wird. Ich persönlich mag es lieber, wenn sich die Nervosität in Grenzen hält und ich mich zu einhundert Prozent auf meine Aufgabe konzentrieren kann.

Und die zweite Charaktereigenschaft: Ich hatte schon immer ein Faible für außergewöhnliche Berufe, in denen sich hauptsächlich das männliche Geschlecht tummelt.

Barbie-Puppen gab es in meinem Kinderzimmer keine, und überhaupt nur eine einzige Puppe, brünett und von der Firma Zapf. Ich spielte viel lieber mit meinem Parkhaus und steuerte die Matchbox-Autos durch die engen Gassen oder baute Raumkreuzer aus kleinen bunten Plastiksteinchen zusammen. All das führt zugegebenermaßen nicht zwingend zu einer Laufbahn als Sportreporterin, aber es ebnete doch den Weg.

In den Sommerferien im Ruhrgebiet gab es in meiner Straße keine Mädchen, so dass ich zwangsläufig mit den größeren Jungs spielen musste. Vermutlich haben mich auch diese Wochen geprägt, und ich durfte einen Menschenschlag kennenlernen, für den Fußball mehr bedeutet als für die meisten in Deutschland. Für mich heißt das bis heute: Ich liebe das Ruhrgebiet. Ein wunderbarer Kosmos von herzlichen und ehrlichen Menschen, dort, wo laut Herbert Grönemeyer »das Herz noch zählt, nicht das große Geld«.

Diese Treue und Bodenständigkeit haben mir immer imponiert und mich gelehrt, dass man das Leben grundsätzlich so nehmen muss, wie es kommt. Aber bitte mit der nötigen Portion Humor.

Herzensangelegenheit

Deinen Herzensverein suchst du dir nicht aus, nein, er erwählt dich. Davon bin ich überzeugt. Für einen kurzen Moment war ich sogar wirklich geneigt, Anhängerin von Borussia Mönchengladbach zu werden. Denn meine Freundin Rena hatte eine Autogrammkarte von Gladbachs Torwart Uwe Kamps in ihrem Kinderzimmer über dem Bett hängen. Ich fragte meinen Vater, wer das sei, und ich dachte lange darüber nach, ob ich mich jetzt zu Gladbach bekennen sollte. Ich verstand auch, dass dort Günter Netzer gespielt hatte, der Mann, der ein bisschen Ähnlichkeit mit meinem Vater hatte.

Es sind ja oft Kleinigkeiten, die Kinder zu ihrem Verein führen, wenn nicht schon die Väter ihren großen Einfluss ausüben und den Nachwuchs in schwarz-gelbe oder rote Strampler stecken. In Osnabrück gibt es ja sogar einen lila-weißen Kreißsaal, wo man sein Kind schon vor der Geburt beim VfL anmelden kann.

Auch wenn ich zugegebenermaßen eine kurzzeitige Schwäche für Uwe Kamps entwickelte, so siegte dann am Ende doch mein Heimatverein. Denn unsere Pfälzer Liebe gilt neben dem Riesling und ausgeprägter Geselligkeit vor allem dem 1. FC Kaiserslautern. Auch wenn die Ergebnisse des FCK Ende der siebziger und Anfang der achtziger Jahre durchwachsen waren, zählte der Verein vom Betzenberg immerhin zu den Gründungsmitgliedern der Bundesliga, in der er ohne Unterbrechungen bis 1996 bleiben sollte. Meine Idole beim FCK hießen Tom Dooley, Stefan Kuntz oder Bruno Labbadia. Wer ein Moped hatte, der fuhr zum Betzenberg, wer keines hatte, suchte sich eben eine Mitfahrgelegenheit. An meiner Schule gab es eigentlich nur zwei Fan-Lager. Die einen entpuppten sich als geschmähte Bayern-Anhänger, die anderen hielten zum FCK. Jeden Montag wurden in der Schule unter beißendem Spott die Ergebnisse des jeweils anderen Lagers durchdiskutiert.

Zugegeben, es waren keine guten Zeiten für Lautern-Fans, was nicht an der sportlichen Leistung der Mannschaft, sondern am Phänomen des Hooliganismus lag. Ich hatte oft Angst, wenn sich kurz vor Spielende der Block 8 in der Westkurve langsam leerte. Denn dann wussten wir alle: Jetzt gingen die »Hools« irgendwo abseits des Stadions wieder aufeinander los. Und diesen Verrückten wollte man ja nicht über den Weg laufen.

Dennoch zog es mich immer wieder zum »Betze« hin, und den ersten großen Triumph nach Jahren feierte der FCK im DFB-Pokal.

Am 19. Mai 1990 konnten »wir« im fünften Anlauf den DFB-Pokal endlich wieder in den Händen halten. Im Finale besiegte das Team von Karl-Heinz »Kalli« Feldkamp Werder Bremen mit 3:2. Die Tore für den FCK erzielten Stefan Kuntz und Bruno Labbadia.

Im darauffolgenden Jahr war unsere Freude noch größer, denn mit dem Gewinn der dritten deutschen Meisterschaft ging ein langgehegter Wunsch von uns Fans in Erfüllung. Gerechnet hatte damals kaum einer damit, trotz des DFB-Pokal-Siegs, denn die Vorsaison hatte der FCK als Zwölfter abgeschlossen.

Zittern mussten wir dennoch. Am 33., also dem vorletzten Spieltag, fuhren wir alle ins Stadion. Von oben bis unten in Rot und Weiß gekleidet, fest entschlossen, die Meisterschaft zu feiern. Gegner: Borussia Mönchengladbach. Wir hatten vier Punkte Vorsprung auf die Bayern bei noch zwei ausstehenden Spielen. Doch die »Roten Teufel«, wie wir Fans die Spieler von Lautern nannten, hielten dem Druck zunächst nicht stand, bereits nach zwanzig Minuten stand es 2:0 für die Gäste durch einen Doppelpack von Thomas Kastenmaier. Gladbach spielte befreit auf, lag im gesicherten Mittelfeld und hatte nichts mehr zu verlieren. Die geplante Meisterfeier sollte verschoben werden. Der junge Peter Wynhoff erhöhte in der 82. Minute nach einem Konter noch auf 3:0 – und alles schien entschieden.

Doch kurz vor Schluss schickten sich die Lauterer wieder einmal an, ein Heimspiel spät zu ihren Gunsten zu drehen: In der 89. Minute traf Markus Kranz per Elfmeter zum 1:3, Bruno Labbadia wenig später sogar zum 2:3. Der Betzenberg bebte. Noch Sekunden fehlten zum Ausgleich, die Borussia wankte, aber sie fiel nicht: Mit einem unfassbaren Reflex in der Nachspielzeit parierte der oben bereits erwähnte Uwe Kamps im Rückwärtsfallen noch eine Lauterer Chance, die Borussia gewann mit 3:2 und verdarb uns zunächst die Meisterfeier. Da Bayern München parallel beim 1. FC Nürnberg gewann, musste die Entscheidung also am letzten Spieltag fallen.

Und so reisten wir am 15. Juni 1991 mit dem Zug nach Köln. Rote Jeansjacke, weiße Leggins, rote Chucks – so sah meine FCK-Uniform aus. Unser Toptorjäger Bruno Labbadia saß leider nur auf der Bank, weil er nach Bekanntwerden seines Wechsels zum FC Bayern nicht einmal mehr die Meisterfeier mitmachen wollte. Marco Haber brachte die Roten Teufel schnell in Führung, und so schwer es sich der FCK noch in der Woche zuvor machte, so leicht ging es an diesem Samstag. Es gelang unseren Roten Teufeln einfach alles. Am Ende gewann der FCK beim 1. FC Köln 6:2, und noch heute singen sie in der Pfalz – auf die Melodie von Bruder Jakob: »Bodo Illgner, Bodo Illgner, weißt du noch? Weißt du noch? Kannst du dich erinnern, kannst du dich erinnern, 6:2 …« Bodo Illgner stand damals im Tor des 1. FC Köln.

Tags darauf jubelten wir auf dem Rathausplatz in Kaiserslautern dem neuen deutschen Meister zu. Nie werde ich vergessen, wie Torwart Gerry Ehrmann die Schale hochhielt und spöttisch rief: »Und ich gratuliere Stefan Effenberg zum Gewinn der Vizemeisterschaft!« Spott gegen die Bayern gehört für die vermeintlichen Underdogs natürlich immer dazu. Der Balkon war rot-weiß geschmückt, auf der Empore ließ sich die Mannschaft feiern, und ich saß unten, wieder in roter Jeansjacke, weißen Hosen und roten Chucks. Nicht zwingend modisch, aber eben in den Vereinsfarben. Der Stürmer Stefan Kuntz wurde in dieser Saison zum Fußballer des Jahres gekürt, eine Ehre, die noch nie davor und auch nicht danach einem Lauterer je zuteilwurde.

Für mich war mit diesem Jubeltag einer der Grundsteine gelegt für eine lebenslange Leidenschaft. Wessen Fußballherz an so einem Tag nicht höher schlägt, der hat einfach keines. Kürzlich besuchte ich Stefan Kuntz zu seinem 50. Geburtstag, und wir schwelgten in Erinnerungen an diese wunderbare Zeit. Übrigens sind solche Begegnungen eine sehr schöne Nebenwirkung meines Berufes. Denn da schließt sich der Kreis, und wenn ich auf dem Betzenberg moderieren darf, überläuft mich immer wieder eine Gänsehaut. Dort, wo wir früher hinter dem Zaun standen, wo wir unsere Helden nur aus der Ferne bejubeln durften, da führe ich inzwischen Interviews mit den Torjägern von einst.

Der FCK bedeutet für mich ein großes Stück Heimat, und ein Teil von mir fiebert auch heute mit, obwohl seither so einiges schiefgelaufen ist für diesen einst so stolzen Verein. Miss- und Vetternwirtschaft, Fehlinvestitionen, falsche Berater und korrupte Präsidenten haben den Club in den finanziellen Ruin und an den Rand der sportlichen Existenz getrieben. Wenigstens konnte unter Stefan Kuntz und mit viel Herzblut der Absturz in die dritte Liga vermieden werden. Mittlerweile hat der FCK einen enormen Schuldenberg abgetragen und befindet sich auch sportlich wieder auf dem richtigen Weg. Es sei den Roten Teufeln zu wünschen, dass sie sich irgendwann wieder langfristig und nachhaltig in der Erstklassigkeit etablieren.

Jüngst haben mir meine Eltern zu Weihnachten einen FCK-Kugelschreiber geschenkt, der die Vereinshymne spielt, wenn man draufdrückt. Er nervt im Büro wirklich jeden, aber ich habe mich riesig darüber gefreut.

Leichte und schwere Jahre

Lange habe ich darüber nachgedacht, ob ich dieses Kapitel überhaupt schreiben sollte, aber wen's nicht interessiert, darf einfach großzügig weiterblättern, der verpasst auch sicher keine Fußballanekdote, versprochen. Krankheiten dienen am Ende häufig nur als PR-Vehikel, und dann soll man plötzlich in irgendwelchen Talkshows über seine Defizite referieren. Dennoch bin ich der Meinung, dass dieses Kapitel zu meinem Leben gehört und ich mich dafür nicht schämen muss. Außerdem möchte ich jungen Frauen die Augen öffnen, denn der Irrsinn der Welt oder der Mode macht ja vor allem vor Mädchen nicht halt – auch nicht vor fußballbegeisterten Mädchen.

An dem Morgen, an dem für mich alles anfing, war ich knapp fünfzehn Jahre alt. Ich trug eine schwarze Radlerhose und einen roten Strickpullover, die ein wenig eng geworden waren. Und das nicht wegen eines Wachstumsschubs in die Höhe, sondern eher in die Breite. Mein Vater hatte mir wie jeden Morgen (ja, was für ein Luxus!) das Frühstück ans Bett gebracht. Ich hörte U2, las aber noch Pferdezeitschriften, die »Bravo« und schrieb in der Schule mit meinen Freundinnen ganze Briefbücher statt kleiner Zettelchen.

Meine Mama las Zeitung, sie war selbst immer sehr zierlich, während ich damals etwa 57 Kilo bei einer Größe von 1,66 Metern wog. Gut, ich hatte schon als Baby Speckschwarten wie ein Michelin-Männchen, so richtig verwachsen hatte sich das wohl noch nicht, aber ich war andererseits bestimmt nicht übergewichtig. Ich hatte es nur mit dem Sport nicht mehr so genau genommen, und nachdem mein Pflegepferd verkauft worden war, wollte ich den Reitstall auch nicht mehr sehen und hatte also wohl etwas zugenommen. Und das war auch meinen Eltern aufgefallen, die mich sehr vorsichtig darauf hinwiesen.

Es gibt sicherlich Kinder und Heranwachsende, die nur ein wenig gekränkt gewesen wären oder denen es einfach gar nichts ausgemacht hätte. Die hätten auch weiter gegessen, was immer ihnen schmeckte, und womöglich hätte das alles gar keine Folgen gehabt. Das kann ich von mir und meiner Entwicklung leider nicht behaupten. Denn ich befolgte den Rat meiner Eltern und begann mit einer Art Einstiegsdiät. Eigentlich wollte ich eben nur »die paar Pfündchen zu viel« wieder loswerden.

Das Problem an der Magersucht ist: Man kann eigentlich gar nicht genau sagen, wann sie beginnt. Sie schleicht sich ein wie ein gemeiner Virus, der sich irgendwann nicht mehr kontrollieren lässt. Vom »normalen« Abnehmen bis zum völligen Kontrollverlust ist es kein weiter Weg. Ich kann jedenfalls nicht genau sagen, wann aus dem »ein paar Pfündchen abnehmen« eine ausgewachsene Essstörung wurde.

Zunächst ließ ich nur die Zwischenmahlzeiten weg. Ich aß diszipliniert morgens, mittags und abends, keine Süßigkeiten, keine Softdrinks. Alkohol habe ich in dem Alter ja sowieso noch nicht getrunken. Als ich merkte, dass das funktionierte und ich abnahm, drehte sich die Spirale weiter. Täglich stieg ich auf die Waage, verzeichnete jedes Gramm, das runterging. Ich verzichtete auf Kakao und ersetzte ihn durch ungesüßten Tee. In der Schule gab es kein Pausenbrot mehr, das wanderte in den Mülleimer.

Mittags log ich meine Mutter an und sagte, ich hätte in der Schule schon etwas bekommen und wolle nur eine ganz kleine Portion. Fürs Abendessen ließ ich mir wieder neue Ausreden einfallen. Ging ich zu Freundinnen, erzählte ich den Eltern, dass ich daheim schon Abendbrot bekommen hätte, und meinem Vater verklickerte ich, dass ich bei der Freundin bereits versorgt worden sei. Irgendwann versuchte ich auch, mich komplett ums Mittagessen zu drücken. Endlich hatte ich die Kontrolle! Die Kontrolle über meinen Körper. Ich besiegte den ständigen Hunger, ich war stärker. Bei einer Skifreizeit ernährte ich mich ausschließlich von einem halben Brötchen mit Nutella am Tag.

Eine äußerst perfide Begleiterscheinung der Magersucht ist, dass die Rückmeldungen von außen zunächst positiv ausfallen und meist große Bewunderung ausdrücken. »Wie schaffst du das nur, so toll abzunehmen?«, hörte ich von meinen Klassenkameradinnen. Irgendwann hatte ich zwar die Kontrolle über meinen Körper gewonnen, aber leider die Herrschaft über meine Krankheit verloren.

Täglich stand ich vor dem Spiegel und überprüfte tausendfach meine Figur. Mein normales Körpergefühl hatte ich längst verloren. Ich kannte die Kalorienzahl von jedwedem Lebensmittel. Bei meiner besten Freundin aß ich die Abschmink-Wattebällchen der Mutter, weil ich von Models gelesen hatte, die das taten, um ihren Hunger zu dämpfen. Dauernd stellte ich mich auf die Waage, jedes Gramm weniger verbuchte ich als Erfolg. Bei 42 Kilogramm und einer Körpergröße von 1,68 m fühlte ich mich aber noch zu dick.

Meine Eltern wurden verständlicherweise immer verzweifelter. Ich nahm Abführmittel, auch wenn ich gar nichts gegessen hatte. Die Tabletten schluckte ich heimlich auf dem Schulklo. Eine Möhre am Tag gönnte ich mir, Salat ohne Dressing vielleicht noch. Ich vermied es sogar, Wasser zu trinken, weil es den Bauch so sehr aufblähte. Und ich fühlte mich immer noch zu dick, obwohl ich schon über zehn Kilo abgenommen hatte. Das war aber noch lange nicht das Ende.

Mein Zimmer hatte ich mit meinen Idolen tapeziert. Claudia Schiffer, Nadja Auermann, Kate Moss. Je dünner, je besser. Wie hatte »die Moss« einst gesagt: »Nothing tastes as good as skinny feels.« Nichts schmeckt so gut wie das Gefühl, dünn zu sein. Ich wollte eine Bohnenstange sein, koste es, was es wolle. Ich nahm meine Umwelt nicht mehr richtig wahr, in der Schule konnte ich mich schlecht konzentrieren, mit meinen Leistungen ging es rapide bergab. Mein Gehirn war aufgrund der Mangelversorgung längst in Mitleidenschaft geraten. »Reversible Schäden« hieß es später im Medizindeutsch. Oder anders ausgedrückt: Das ließ sich gerade noch wieder hinbiegen. Glück gehabt.

Leider kann man nicht mehr klar denken, wenn alle möglichen Stoffwechselvorgänge nicht nur im Körper, sondern auch im Gehirn gestört sind. Die Hormone sind so durcheinander, dass die Menstruation ausbleibt, und die Essstörung entpuppt sich irgendwann als ausgewachsene Depression.

Nach etwa sechs Monaten ging bei mir dann der Motor aus. Mein Körper, mittlerweile bei einem Gewicht von 40 Kilo angelangt, war so geschwächt, dass ich kaum noch aufstehen konnte. In meiner Wahrnehmung aber war ich immer noch dick. Ich dachte dauernd: Wenn ich jetzt noch ein Kilo abnehme, dann wird es mir zumindest leichter fallen, das Gewicht zu halten. Dann habe ich einen größeren Puffer. Es wurde ein immer aussichtsloserer Kampf gegen gar nicht mehr vorhandene Pfunde. Ich musste kapitulieren.

Eines Tages übermannte mich der Hunger. Ich ging in die Speisekammer und machte mich über Großmutters Schokoladenkuchen her. Ich aß zwei Stücke, ein für mich zu diesem Zeitpunkt unvorstellbarer Kalorienberg. In dem Moment, als ich realisierte, was ich getan hatte, versuchte ich verzweifelt, den Essvorgang wieder rückgängig zu machen, doch bei mir funktionierte das Finger-in-den-Hals-Stecken nicht. Nein, die 600 Kalorien auf einen Streich blieben drin.

In dem Moment kam meine Mutter ins Badezimmer und geriet in Panik. Sie war völlig verzweifelt: »Willst du dich wirklich auf Raten umbringen?« Wir weinten beide. Ich sagte leise: »Bitte Mama, ich brauche Hilfe.«

Drei Tage später wurde ich in einer Jugendklinik aufgenommen. Meine erste Zimmerkollegin hieß Beate und war Bulimikerin. Eine Kombination zum Davonlaufen, denn sie wollte mir immer einreden, wie schön es doch sei, so dünn zu sein, und ich sollte ihr wiederum Tipps zum Abnehmen geben. Eine groteske Konstellation, die von den Betreuern schnell aufgehoben wurde. Wir wurden fast immer überwacht, dabei gehörten wir zum »offenen Vollzug«. Im Erdgeschoss waren die suizidgefährdeten Fälle auf einer geschlossenen Station untergebracht.

Diana, die von ihrem Stiefvater jahrelang missbraucht worden war und eine erhebliche Borderline-Störung entwickelt hatte, pendelte immer zwischen den beiden Stockwerken. Ich mochte sie sehr, sie machte Karate, war ausgesprochen witzig und konnte über sich selbst lachen. Sie versuchte immer abzunehmen, aber sie aß so gerne Bratwurst, so dass meistens schon am ersten Tag Schluss war mit den guten Vorsätzen. Die meisten Diäten fangen schließlich »morgen« an. Allerdings wurde sie, sehr zu meinem Leidwesen, immer wieder nach unten verlegt, weil sie sich in ihren schlimmen Krankheitsschüben selbst verletzte und schon mehrere Suizidversuche hinter sich hatte.

Kaja war ein bildhübsches Mädchen aus sehr gutem Hause, wahnsinnig intelligent, aber sie wäre fast verreckt, bevor man sie in die Klinik brachte. Wochenlang musste sie mit einer Sonde ernährt werden, weil sie schon so schwach war, dass sie gar keine feste Nahrung zu sich nehmen konnte. Ihr Lächeln war bezaubernd, und sie tat mir unendlich leid. Irgendwie konnte ich sie aber verstehen, auch sie war an dem Druck, immer die Beste sein zu müssen, zerbrochen. Manchmal weinte sie und sagte: »Ich wünschte, ich wäre dumm und hässlich, dann hätten meine Eltern nicht so hohe Erwartungen an mich.« Sie wog in ihren schlimmsten Phasen unter 30 Kilogramm und musste auch einmal mit dem Hubschrauber in eine Spezialklinik gebracht werden.

Es fanden sich auf unserem Stockwerk nicht nur Essgestörte, sondern auch depressive Jugendliche, manche hatten bipolare Störungen, andere eine ausgeprägte ADHS (Aufmerksamkeitsdefizit-Hyperaktivitäts-Störung), die einem schon tierisch auf den Wecker fallen konnte.

Die ADHSler durften natürlich essen, was und wann sie wollten. Bei uns Anorektikerinnen oder Bulimikerinnen war das anders. Wir wurden beim Essen immer überwacht. Natürlich wurde niemand gezwungen, aber es wurde genauestens darauf geachtet, wer welche Mahlzeit zu sich nahm und wer nicht. Wer genügend aß, dem winkten Belohnungen wie ein Spaziergang ins Dorf oder zusätzliche Besuchszeit.

Ein Vorteil der Magersucht gegenüber der Bulimie ist, dass man sie irgendwann überwinden muss, denn sonst stirbt man. Das klingt zwar vielleicht zynisch, aber auch mich hat man vor die Wahl gestellt: Essen oder Tod. Es gibt nichts dazwischen. Und allein während meiner Zeit in der Klinik sind zwei Mädchen an den Folgen ihrer Magersucht gestorben. Manchmal hilft auch die Sondenernährung nichts mehr, die jungen Frauen sind so entkräftet, dass sie am Ende an allgemeinem Organversagen aus dem Leben scheiden.

Bulimie lässt sich viel besser vertuschen (auch optisch) und auch länger durchhalten, bei Lady Di klappte es über zehn Jahre. Auch viele Bulimikerinnen sterben, dann meistens an Darmperforation, aber die Quote ist bei Magersüchtigen generell höher. Ich war nie so dünn wie Kaja gewesen, aber dennoch war auch mir irgendwann klar, dass das Ende der Bohnenstange irgendwann erreicht wäre.

In der Therapie lernte ich, meinen Körper zumindest wieder wahrzunehmen. Meine eigenen Erfolge anzuerkennen. Ich weiß noch, dass ich einmal einen Stier töpferte, auf den ich irrsinnig stolz war. Das Bild des Stiers stand lange vor meinem inneren Auge.

Irgendwann konnte und wollte ich nicht mehr in der Klinik

bleiben. Also begann ich wieder zu essen. Mein Verstand sagte mir: Wenn du hier jemals wieder rauswillst, dann musst du essen. Und langsam nahm ich zu.

Als ich schließlich entlassen wurde, wog ich immerhin wieder 51 Kilos. Leider war das nur der Beginn einer langen Odyssee. Denn eine Essstörung hört nicht auf. Ich aß plötzlich alles, was mir zwischen die Finger kam. Ich konnte mich nicht mehr disziplinieren und stopfte in mich hinein, was ich finden konnte. Es war wie bei dem Cindy-aus-Marzahn-Gag über Alzheimer-Bulimie: Ich hatte ohne Ende Fressattacken, vergaß aber zu kotzen. Jede Nacht durchpflügte ich den Kühlschrank nach Essbarem, bis meine Eltern wieder misstrauisch wurden. Aus den 51 Kilos wurden im Handumdrehen 60, und es hörte einfach nicht auf.

Aus der Magersucht war eine spezielle Form der Fresssucht geworden, gepaart mit dem Phänomen des sogenannten »Nocturnal Eating Syndrome«. Klar ist nicht jeder essgestört, der nachts mal an den Kühlschrank geht, aber wenn das jede Nacht passiert, dann stimmt etwas nicht. Ich schlafwandelte auch. Und zwar zu jeder erdenklichen Quelle von Essbarem.

Als ich an NES erkrankte, wusste noch niemand davon. Erst 1995 wurden die ersten wissenschaftlichen Untersuchungen darüber angestellt. Ich hingegen schämte mich so sehr, dass ich mit niemandem darüber redete. Tagsüber versuchte ich, die nächtlichen Fressattacken natürlich durch eine besonders geringe Nahrungszufuhr auszugleichen, was nicht gelang.

Ich wurde immer dicker und musste feststellen, dass die Umwelt nicht positiv reagiert, wenn man zunimmt. Wer mich in der Schule noch bewundert hatte, weil ich so abgenommen hatte, der schenkte mir jetzt mitleidige Blicke.

Doch ich hatte Glück im Unglück. Obwohl ich ein Vierteljahr gefehlt hatte wegen des Klinikaufenthalts, musste ich am Gymnasium die Klasse nicht wiederholen. Das Abitur schaffte ich mit eigentlich recht annehmbaren Noten, doch die Essstörung sollte mich insgesamt zwölf Jahre begleiten. Und auch heute noch fühle ich mich oft zu dick, ein Schicksal, das ich sicherlich mit vielen Frauen teile. Manche Dinge ändern sich leider nie, und das Gefühl der Unsicherheit gehört wohl zu mir: Bin ich gut so, wie ich bin? Reicht das?

Mir bleibt nur, jedem jungen Mädchen zu raten, sich einfach niemals auf die erste Diät einzulassen. Bewegt euch und lasst euch nicht von den sogenannten Idealen kirre machen! Esst vernünftig und von allem in Maßen. Es kann bei der ersten Diät wie mit einem Joint sein: Der mag ja gar nicht schlimm sein, in den Niederlanden sogar legal, doch für wieder andere ist es die Einstiegsdroge, für die sie am Ende furchtbar büßen müssen. Und ich möchte an alle appellieren, sich ein Beispiel an den Sportlern zu nehmen. Es ist völlig okay, Leistung bringen zu wollen. Immer nur dünner werden zu müssen, wie es uns die Werbung oder auch manche Medien vermitteln, ist aber definitiv keine Leistung, sondern schlicht und ergreifend Schwachsinn.

Du schaust drein
wie ein hypnotisiertes Kaninchen

Warum wollte Neil Armstrong zum Mond? Warum wollte Kennedy Präsident werden? Und warum wollte Felix Baumgartner mit einem Fallschirm aus dem Weltall herabspringen?

Was war ihre Motivation?

Motivation entsteht aus Neugierde, aus Leidenschaft oder auch aus Anerkennung. Und weil die Arbeit im besten Falle sogar Freude bereitet. Finanzielle Aspekte spielen da eigentlich eine untergeordnete Rolle. Sollten sie zumindest, auch wenn ich glaube, dass die drei oben genannten Herren ein gewisses Vermögen gemacht haben.

Bei meinem ersten Zeitungspraktikum reizte mich allerdings vor allem die Tatsache, dass es 30 Pfennig die Zeile zu verdienen gab, falls ich es schaffte, einen Artikel zu veröffentlichen. Das erschien mir Anreiz genug, denn ich war jung und brauchte das Geld. Außerdem hatte mir das Etikettieren von Konservendosen im Supermarkt in den letzten Sommerferien sowieso keinen Spaß gemacht.

In unserer Stadt gab es zwei Zeitungen, die »Pirmasenser Zeitung« und den Lokalableger der »Rheinpfalz«, einer großen regionalen Tageszeitung mit Hauptquartier in Ludwigshafen. Bei uns zu Hause wurde immer die »Rheinpfalz« gelesen, also bewarb ich mich bei Helmut Kohls Hauspostille, die immerhin pro Tag eine Viertelmillion Auflage verkaufte.

Mein erster Chef hieß Peter Thiessen, und ich mochte ihn vom ersten Augenblick an. Er war ein strenger, herzlicher Mann mit Schnurrbart und Seitenscheitel, die Hemdsärmel immer hochgekrempelt. Thiessen telefonierte rund um die Uhr, kaute auf seinen

Stiften und legte auch gerne die Füße auf den Schreibtisch. Kurz: Er war ein Journalist vom alten Schlag.

Es war die Zeit vor »Google« und dem Internet, und man fragte noch persönlich nach, wenn man etwas wissen wollte. Thiessen arbeitete mit einem dicken Adressbuch, und er kannte in Pirmasens buchstäblich jeden, wusste alles über Familienverhältnisse, bis hin zum Namen des Haustiers.

Für mich ist Thiessen der klassische Lokaljournalist: kritisch, immer auf der Suche nach der Wahrheit, aber ohne jemanden zu diffamieren. Schließlich standen die Chancen recht gut, dass man sich in der 50 000-Einwohner-Stadt mehr als einmal begegnete …

Ich bekam meinen ersten Arbeitsplatz am Kopfende eines Dreier-Büros, saß zwischen Kultur- und Landkreisredakteur. Der erste journalistische Auftrag lautete: »Mach eine Umfrage zur geplanten Aufhebung des Rabattgesetzes.« Und auf ging's in die aufregende Welt des Journalismus! Ich genoss es sehr, mit kaum 19 Jahren viel ältere Menschen mit Fragen löchern zu dürfen.

Schließlich setzte ich mich an den Computer und starrte auf den leeren Bildschirm. Was um Himmels willen sollte ich jetzt tun? Wo sollte ich anfangen? Mir war, als würde mich sogar die Tastatur hämisch angrinsen. Leise schlich ich zur Toilette, dort musste die rettende Eingebung kommen. Dort hatte ich immer gute Ideen auf dem Klo. Es musste funktionieren.

Und plötzlich wusste ich, wie ich anfangen wollte. Erst haute ich langsam in die Tasten, dann immer schneller, bis nur noch stakkatohaftes Klappern zu hören war. Das Wichtigste zu Beginn, so hatte Thiessen es mich gelehrt. Also das Wer, Was, Wann, Wo, Wie und Warum. Und das Unwichtige nach hinten, damit er es im Bedarfsfall kürzen konnte. Einmal im Schreibfluss, konnte ich gar nicht mehr aufhören. Ich erinnere mich noch, dass der Kulturredakteur plötzlich anfing, schallend zu lachen: »Meine Güte, du schaust drein wie ein hypnotisiertes Kaninchen …«

Am Ende wagte ich mich mit wackligen Knien in Thiessens Büro: »Ähm, ich bin fertig. Also ich glaube, ich bin fertig. Ich meine, wenn Sie Änderungen wünschen, dann bin ich natürlich noch nicht fertig.«

»Mach dir mal keine Sorgen«, sagte er mit einem schelmischen Lächeln. »Ich seh mir das mal an.«

Journalistin war eben kein Job für Zartbesaitete. Einen Spruch musste man sich gefallen lassen können, die Stimmung in den Redaktionen damals war locker, man musste auch mal etwas einstecken können. Ich rechnete jedenfalls mit einer bissigen Bemerkung meines Chefs, doch als er schließlich zu mir kam, grinste Thiessen breit, die Hände in den Hosentaschen. Dann sagte er: »Glückwunsch. Hast du gut gemacht. Morgen ist dein erster Artikel in der Zeitung.«

Niemals habe ich diesen Moment vergessen. Denn zum ersten Mal in meinem Leben wusste ich: Das will ich machen. Das und nichts anderes. Ich will Journalistin werden.

Am nächsten Morgen wachte ich schon um sechs Uhr früh auf und rannte zum Briefkasten. Da war er. Mein erster Artikel, rechts mittig, auf der ersten Lokalseite. »Von unserem Redaktionsmitglied Jessica Kastrop« stand darüber. Und bis zu dem Tag, als ich die erste Ausgabe meines ersten Buches in der Hand hielt, hat sich nie wieder etwas so gut angefühlt.

Bielefeld gibt Kilometergeld, Gütersloh macht froh

Fortan verbrachte ich meine Abende nicht mehr mit meinen Freunden in unserer Stammkneipe »Zaunkönigs Horebschloss«, sondern bei Hauptversammlungen von Turnvereinen, in Gemeinderatssitzungen oder beim Kaninchenzüchterverein. Auch bei der Eröffnung von Kindergärten oder anderen kommunalen Ereignissen war ich dabei und berichtete. Es gab noch keine Handys, kein Internet, und wenn man etwas wissen wollte, musste man nachfragen. So lernte ich alsbald, meine Scheu vor Menschen zu überwinden. Ich hielt ihnen mein Diktiergerät einfach unter die Nase und fragte drauflos. Das gehörte eben zum Reporterdasein dazu.

Am Wochenende dann saß ich in der Redaktion und nahm die Ergebnisse aus den Amateurligen auf. »Hallo, do is de Herr sowieso vum FC Dahn, mir honn 4:0 gewunne!« Übersetzung aus dem Pfälzischen: Hallo, da ist der Herr sowieso vom FC Dahn, wir haben 4:0 gewonnen. Als der SC Hauenstein, der »Verein mit Herz«, wie es auf seiner Homepage heute heißt, aus unserer Region 1994 in die Regionalliga aufstieg (damals immerhin dritte Liga, also kurz vorm Profifußball), durfte ich endlich mit auf den Platz.

Erstaunlicherweise wunderte sich damals niemand, dass ich mich dem Fußball widmen wollte. Sollte mich jemand als exotisch empfunden haben, so war davon zumindest nichts zu merken. Meine Freundin Bibiana Steinhaus, die einzige weibliche Schiedsrichterin im deutschen Profifußball, sagt immer: »Ich weiß ja nicht, ob ich anders behandelt werde, weil ich keine großen Vergleichsmöglichkeiten habe.« So ähnlich ging und geht es mir auch heute noch. Sind die anderen Sportberichterstatter der Lokalzeitungen damals anders behandelt worden als ich? Mir ist nichts aufgefallen, und wenn, schrieb ich es dem zu, dass ich eben noch ein Küken war und meine Kollegen gestandene Reporter.

Wenn ich frei hatte, fuhr ich auf eigene Faust mit dem SC Hauenstein zu den Auswärtsspielen. Die Regionalliga West-Südwest umfasste ein großes Gebiet, mit dabei waren auch Traditionsvereine wie Arminia Bielefeld oder Preußen Münster. Als Rot-Weiß Essen in Hauenstein gastierte, wollten die Verantwortlichen 500 Sitzplatzkarten ordern. Wir Reporter schmunzelten, schließlich gab es überhaupt keine Sitzplätze. Und weil man eben Kilometergeld bekam für die Auswärtsfahrten, lernte ich schnell den alten Sportjournalistenspruch: Bielefeld gibt Kilometergeld, Gütersloh macht auch schon froh.

1995 eroberte ich einen der raren Volontariatsplätze bei der »Rheinpfalz« und durfte während der zweijährigen Ausbildung auch in der Lokalredaktion von Kaiserslautern arbeiten. Darauf hatte ich monatelang hin gefiebert. Endlich durfte ich nach Kaiserslautern in die Redaktion! Jetzt würde ich meine Idole persönlich kennenlernen!

Ich war selig! Gleich am ersten Tag in der neuen Redaktion durfte ich zum FCK fahren. Der erste Auftrag lautete: Schreib einen Artikel über Aberglauben im Fußball. Ja, ich weiß, das schreit nicht nach einem Journalisten-Preis für Originalität, aber das wusste ich damals noch nicht. Ich war doch ein bisschen naiv und einfach nur froh, zum Trainingsgelände fahren zu dürfen.

Dummerweise kam ich viel zu spät, die Mannschaft befand sich schon im Bus auf dem Weg zu einem Testspiel. Der Bus stand aber noch auf dem Parkplatz. Was also tun? Unverrichteter Dinge in die Redaktion zurück? Niemals! Das hätte ich mir niemals verziehen. Also klopfte ich zaghaft an die Bustür. Ich wusste nicht, was ich sagen sollte, ich hatte definitv keinen Plan. Plötzlich öffnete sich die Bustür, und der damalige Trainer Friedel Rausch steckte den Kopf heraus. »Hallo! Wie können wir Ihnen helfen?«, fragte er schmunzelnd. Ich nahm meinen neu gewonnenen Mut zusammen und sagte: »Ich komme von der ›Rheinpfalz‹, und ich soll eine Umfrage machen zum Thema Aberglaube im Fußball. Ich weiß, ich bin ein bisschen zu spät, und das tut mir sehr leid, aber das ist mein erster Tag, und ich kann doch nicht ohne Umfrageergebnisse zurück in die Redaktion kommen!« Rausch murmelte etwas wie »kleinen Moment«, dann schloss sich die Bustür wieder. Na toll. Das war's dann wohl. Erste Mission direkt gescheitert.

Doch dann öffnete sich die hintere Bustür, und Friedel Rausch ließ tatsächlich einen Spieler nach dem anderen aussteigen. Vielleicht war es Mitleid, vielleicht erkannte er meine Courage an – oder ich hatte ihn überrumpelt. Wie auch immer, ich bekam meine Geschichte und gleichzeitig einen ersten Eindruck, was sich mit blonden Haaren, Mut und ein bisschen Naivität, gepaart mit Durchsetzungsvermögen, erreichen lässt. Blond kickt eben doch gut!

Am nächsten Tag hatte ich meinen ersten Aufmacher im Kaiserslauterner Lokalsport. Ich hätte platzen können vor Stolz. Manchmal frage ich mich rückblickend, woher ich den Mut nahm. Dabei war ich eigentlich nie feige, doch im Alltag habe ich mich oft gefragt, wo da diese Courage versteckt ist, die mir im Job so oft geholfen hat.

Und noch heute bin ich den Aufsteigern von damals dankbar, allen voran Gerry Ehrmann, der noch heute beim FCK als Torwarttrainer arbeitet. Er wird es nicht mehr wissen, aber ich habe es ihm nie vergessen. Danke, Gerry!

Wo rennt der Kerner bloß hin?

Wenn man einen Fußballfan fragt, was er am 8. Juli 1990 in der »magischen Nacht von Rom« gemacht hat, wird er wissen, dass damals Deutschland zum vorläufig letzten Mal Weltmeister wurde. Ein richtiger Mann weiß ja auch, wie viel PS sein Auto hat.

Ich war während der Weltmeisterschaft nicht in der Redaktion, sondern verbrachte den Urlaub mit meinen Eltern im damaligen Jugoslawien, genauer gesagt in Rovinj. Fürs WM-Finale hatte ich mich mit neuen Freunden aus einem Jugendcamp in einer Strandkneipe verabredet. Als die Jungs im späteren Freudentaumel noch einmal in der lauen Adria schwimmen gingen, versteckten wir Mädels ihre Klamotten. Wahnsinnig originell, ich weiß ... So weit zu meinen Erinnerungen an diese Nacht.

Viele der Kids aus dem Camp waren Dortmunder, und sie werden garantiert auch noch wissen, wo sie am 17. Juni 1995 waren, einem aus Dortmunder Sicht mindestens genauso denkwürdigen Tag. Aber der Reihe nach. Ich arbeitete mittlerweile als Volontärin in der Zentrale der »Rheinpfalz« in Ludwigshafen. Ich wohnte in Mannheim und musste jeden Tag auf dem Weg zur Arbeit an der Konzernzentrale des Chemieriesen BASF vorbei, dem größten Arbeitgeber der Region. Man konnte das Gelände immer schon von weitem riechen. Mein Sportchef hieß Horst Konzok, und er förderte und forderte mich. Nicht nur, wenn es um Kurzmeldungen ging. »Die gehen noch kürzer«, brummelte er jedes Mal, wenn ich mit den Notizen zu ihm kam. Der redaktionsinterne Arbeitstitel dieser Rubrik lautete übrigens immer »kurz gefurzt« statt »kurz notiert« – und es kam auch schon vor, dass der zuständige Redakteur vergaß, die Zeile zu ändern, so dass die Rubrik dann mit dem Arbeitstitel erschien ...

Die Bundesliga dominierte damals der BVB, und am Ende der Saison 1994/95 war eigentlich nur eine Frage offen: ob Dortmund die erste Bundesliga-Meisterschaft des Vereins schon nach dem 33. oder erst nach dem 34. Spieltag gewinnen würde. Die fußballverrückte Region feierte jedes Spiel, wie man es eben im Ruhrgebiet macht, wo man ins Stadion geht, »weil Samstach is«, wie der Autor und Kabarettist Frank Goosen einmal festgestellt hat. Damals interpretierte der großartige Matthias Sammer eine neue Form des Libero beim BVB, elegant und mit großer Übersicht. Er sollte ein Jahr später Europameister und mit der Auszeichnung »Europas Fußballer des Jahres« geehrt werden. Sammer ist übrigens bis heute der letzte Deutsche, dem diese Würdigung zuteilwurde. (Da zählt eben Franck Ribéry nicht, obwohl er mit den Münchnern spielt …) Neben ihm glänzte Julio Cesar, der bis heute sagt, der BVB sei »sein Leben, seine Liebe«. Der Brasilianer war gemeinsam mit Andreas Möller für insgesamt rund sechs Millionen Euro, damals 11 Millionen Mark, von Juventus Turin zum BVB gewechselt. Und nun feierte er ein Fußballfest ums andere, während sich das Repertoire der Stadiongesänge um einen Hit erweiterte: Heulsuse Möller, wir singen Heulsuse Möller …

Vorne machten Karl-Heinz Riedle und der unverwechselbare Stéphane Chapuisat als die ultimativen Goalgetter von sich reden, denn sie produzierten Tore wie am Fließband. Zu Saisonbeginn war auch der knuffige Däne Flemming Povlsen zurückgekehrt, sportlich und menschlich ein Gewinn für die ganze Bundesliga, auch wenn er sich im Pokal das Kreuzband riss und für den BVB ausfiel. Trotzdem wurde der BVB souverän Herbstmeister.

Doch dann ereilte im April der nächste Schock die BVB-Anhänger: Stéphane Chapuisat, Dortmunds wichtigster Angreifer, erlitt im Training ebenfalls einen Kreuzbandriss. Der Schweizer hatte in drei Spielzeiten insgesamt 52 Bundesligatore erzielt, dazu kamen seine wichtigen Treffer im UEFA-Cup. Als sich dann auch noch

Karl-Heinz Riedle die gleiche Verletzung zuzog, schienen sich die Titelträume der Borussia in schwarz-gelben Rauch aufzulösen. Plötzlich sollte es der sogenannte »Babysturm« mit Ibrahim Tanko und Lars Ricken richten, doch niemand wusste so recht, ob man es den beiden Talenten zutrauen konnte, Riedle und Chapuisat zu ersetzen. Nach einer 1:3-Niederlage gegen Meisterschaftskonkurrent Werder Bremen schwanden die Hoffnungen. Der BVB musste sogar die Tabellenführung abgeben, die man zuvor sieben Monate ununterbrochen innegehabt hatte. Die Frage, wer die Schale bekommt, sollte sich also erst am letzten Spieltag klären. Die beiden Kandidaten, der BVB und Werder Bremen, spielten vor ausverkauften Häusern – in Dortmund der BVB gegen den HSV, und in München war Bremen beim Rekordmeister zu Gast.

Mein Sportchef bei der »Rheinpfalz« hatte einen Redakteur nach Dortmund geschickt, und ich durfte ihn tatsächlich begleiten. Ich bekam erstmals als Volontärin eine Presse-Arbeitskarte für die Bundesliga, was mich unendlich stolz machte, und reiste mit. Auch wenn ich den Betzenberg mit seiner hitzigen Atmosphäre als gewaltiges Stadion gewohnt war – das Westfalenstadion raubte mir beinahe den Atem. Was für eine Atmosphäre! Die steile Südtribüne erhebt sich wie eine Wand aus Fans in den Himmel, die Menschen standen wie der 12. Mann hinter ihrer Mannschaft. Und damals war das Westfalenstadion mit 42 800 Zuschauern ausverkauft, heute passt fast die doppelte Menge hinein.

Hier saß ich also, neben mir ein Kollege vom Sportinformationsdienst, der mir ein guter Freund werden sollte und mir den Satz mit auf den Weg gab: »Hier auf der Südtribüne würden Tausende ihre Mutter verkaufen, um einmal so nah dran zu sein wie wir.« Ob schon einmal ein BVB-Anhänger seine Mutter verkauft hat, ist mir nicht bekannt, aber wie nah ich der Mannschaft kommen würde, damit war nun wirklich nicht zu rechnen.

Andy Möller brachte die Borussia bereits nach acht Minuten durch einen Freistoß in Führung, und nur Minuten später erreichte die Fans im Westfalenstadion die Kunde, dass Christian Ziege für die Bayern gegen die Bremer im Münchner Stadion den Führungstreffer erzielt hatte. Als am Ende Dortmund vor 100 000 begeisterten Zuschauern, davon 43 000 im Westfalenstadion, der Rest guckte auf Großbildleinwand auf dem Dortmunder Friedensplatz, tatsächlich 2:0 siegte, stürmten die Fans direkt nach dem Abpfiff auf den Rasen. Ich ließ mich mit der Menge treiben und genoss das unglaubliche Gefühl. Da sah ich plötzlich ein vertrautes Gesicht. Sat.1-»ran«-Moderator Johannes B. Kerner dirigierte sein Kamerateam durch das Getümmel. Mein Reporterinstinkt sagt mir: Auf geht's, hinterher!

Ich heftete mich an seine Fersen und fand mich plötzlich im Kabinengang des Westfalenstadions wieder. Von meinem Kollegen, der eigentlich für die »Rheinpfalz« berichten sollte, war nichts zu sehen. Ich lief langsam den Gang entlang und warf vorsichtig einen Blick in die Kabine, in der die Spieler ausgelassen feierten. Matthias Sammer und René Tretschok waren nur notdürftig bekleidet, und ich wandte mich verschämt ab, als plötzlich eine Stimme durch die Gänge hallte: »Printmedien bitte nach hinten, Printmedien bitte nach hinten!«

Ich sah mich um. Mein Kollege war noch immer nicht in Sicht. Im Reporterleben entscheiden Bruchteile von Sekunden über eine Karriere: Vielleicht wäre ich nicht geblieben, wenn in diesem Moment das Reporterfieber mich nicht überwältigt hätte: Die offizielle Pressekonferenz war verschoben worden, doch ich schlich langsam in die angegebene Richtung, durch einen langen, grauen Gang mit schlichtem PVC-Boden. Ein Mann mit grauem Haar winkte mich in den Massageraum. Und dort saßen sie, wo den Profi-Kickern normalerweise die müden Beine massiert werden: Ein illustrer Kreis von Reportern hatte sich zu einem informellen Treffen eingefunden, einem bereits vor Anpfiff geplanten Treffen für den »Ernstfall Meisterschaft«. Und jetzt platzte ich in die kleine, exklusive Versammlung wie ein Punk mit Irokesenhaarschnitt in eine Heizdecken-Verkaufsveranstaltung.

Alle starrten mich an. Ich wurde puterrot und wartete darauf, dass man mich hinauskomplimentierte. Doch wie durch ein Wunder wurde mir ein Platz angeboten. Es muss eine Übersprungshandlung gewesen sein an diesem Tag der Freude. Zumindest in Dortmund.

Nach wenigen Augenblicken erschien Ottmar Hitzfeld, der Trainer des siegreichen BVB. Er war von der Schlacht gezeichnet, aber glücklich. Schließlich begann die Fragerunde, und ich hörte aufmerksam zu, schrieb immer wieder hastig mit. Der Gedanke, selbst den Mund aufzumachen, schnürte mir die Kehle zu. Irgendwann fasste ich mir doch ein Herz und fragte Ottmar Hitzfeld: »Was ist Ihnen durch den Kopf gegangen, als Sie das 3:1 für Bayern München auf der Anzeigentafel wahrnahmen?«

Zugegeben, es existieren im Reporter-Universum deutlich bessere Fragen. Und ich muss ehrlich gestehen, dass ich mich an seine Antwort nicht mehr erinnere. Zu meiner Verteidigung sei gesagt, dass mein Herz so laut klopfte, dass ich ihn wahrscheinlich schlichtweg nicht verstanden habe. Damals war ich noch voller Ehrfurcht für die Reporter, die ganz cool in einer Pressekonferenz das Wort ergriffen. Als ob der Rest der Kollegen gar nicht anwesend wäre. Wie ahnungslos ich damals war! Heute weiß ich, dass viele Reporter nach der Pressekonferenz exklusiv mit den Spielern und Trainern reden – und zwar unter vier Augen. Ich hätte mir viel Aufregung ersparen können.

Ottmar Hitzfeld, ganz Gentleman, ließ mich aber nicht im Reporterregen stehen, sondern lächelte bei seiner Antwort freundlich. Und meine Kollegen gaben von da an tatsächlich Ruhe: Wer die Chuzpe hatte, vor ihnen den Mund aufzumachen, der hatte sich zumindest ein Stück weit ihren Respekt verdient. Na ja, zumindest habe ich mir das eingebildet.

Wenn ich damals gewusst hätte, wie viele verrückte Geschichten ich noch mit dem damaligen Pressesprecher des BVB Josef Schneck erleben sollte …

Am Sonntag war ich längst auf dem Weg zurück in die Redaktion der »Rheinpfalz«, während sich in Dortmund der BVB-Tross durch die Innenstadt und durch 500 000 jubelnde Menschen schob. Ich durfte mir hingegen erst einmal eine dicke Standpauke abholen für mein eigenmächtiges Handeln. Aber dann schrieb ich doch noch einen Artikel über die Meisterschaftsfeier. Auf diese Weise konnte ich die Aufregung vom Vortag wenigstens ein Stück weit verarbeiten. Denn so nah dran war ich noch nie gewesen. Ob Johannes B. Kerner seine Interviews bekommen hat, entzieht sich meiner Kenntnis. Aber er hat mir definitiv den richtigen Weg gewiesen.

Ich habe so was von fertig

Nach meinem Volontariat bei der »Rheinpfalz« begann ich ein Journalistikstudium an der Ludwig-Maximilians-Universität in München. Man muss dazu sagen, dass ich nicht zu dem elitären Zirkel der deutschen Journalistenschüler zählte, die jeden Tag mit der »FAZ« oder der »Süddeutschen« unterm Arm im Hörsaal erschienen und sich sicher waren, in zehn Jahren spätestens die »Zeit« herauszugeben. Überraschenderweise hat keiner von ihnen bislang Giovanni di Lorenzo beerbt. Wir »normalen« Volontärs-Studis waren also von Anfang an Studenten zweiter Klasse.

Meinen Freunden und mir machte es nicht viel aus, immer wieder Spott und Häme über uns ergehen lassen zu müssen, weil wir lieber die »Bild« lasen. Der Sportteil des Blattes war schon immer der beste. Und ich wusste: Ich wollte für viele Menschen schreiben, am liebsten für zwölf Millionen täglich.

Doch bis dahin sollte es noch etwas dauern, denn zunächst arbeitete ich für verschiedene kleinere Tageszeitungen, um mir mein Studiensalär aufzubessern. In der WG lebte ich mit meinem Kumpel Timo, den alle nur »Bum« nannten. Timo liebte Hubschraubersimulationen und Autozeitschriften, und er hatte nichts dagegen, als ich in unserer gemeinsamen Küche – die in der Regel immer kalt blieb – Poster von Ronaldo, Del Piero und Zidane aufhängte. Deutschland war gerade Europameister geworden, ich fuhr einen Golf IV, Bon Jovi Edition, trug gruselige helle Hosenanzüge und wog ungefähr zehn Kilo zu viel. Eine Tatsache, die ich mit meinem WG-Kollegen Bum übrigens gemeinsam hatte. Es war eine aufregende Zeit, und wir erkundeten auch gerne das Münchner Nachtleben.

Rasch bemerkte ich, dass München vor allem eines war: teuer! Und da mir nicht die Gnade der reichen Geburt zuteilgeworden ist, musste ich mir ein paar Euro dazuverdienen. Mein großes Glück bestand darin, dass der »FC Hollywood« zu dieser Zeit fast täglich Schlagzeilen machte. So wurde ich zum Stammgast an der Säbener Straße, wo der FC Bayern sein Trainingsgelände hat. Das Geschäftsmodell war simpel wie einträglich: einen Artikel schreiben, an mehrere Regionalzeitungen verkaufen. Einige Blätter druckten wirklich lieber meine Artikel, anstatt die stilistisch immer gleich anmutenden Agenturmeldungen.

Am Morgen des 10. März 1998 stand keine wichtige Vorlesung an, wobei mich das wohl nicht abgehalten hätte. Ich fuhr zum FC Bayern in der Hoffnung, etwas Verwertbares für einen Artikel zu erfahren. Im Presseraum herrschte eifrige Geschäftigkeit. Dicht gedrängt standen die Journalisten hinter dem kleinen Tresen, der Abstand bot zu dem Pult, hinter dem der jeweilige Spieler oder Trainer des »erfolgreichsten deutschen Vereins aller Zeiten« die Fragen der Münchner Journaille beantwortete.

Doch in diesem Frühjahr stand es nicht allzu gut um den Rekordmeister. Zwar waren die Bayern im Vorjahr Meister geworden, aber die Rivalen aus dem Revier hatten die großen Triumphe gefeiert, die einen die Champions League, die anderen den UEFA-Cup gewonnen. Und nun drohte in der Königsklasse nach einer Nullnummer im Olympiastadion das Aus – ausgerechnet im Achtelfinale gegen Borussia Dortmund. In der Liga hatten die Bayern gerade auf Schalke 0:1 verloren.

Als die Tür zum Pressestüberl aufging, ahnte noch keiner der Anwesenden, dass der berühmteste Wutausbruch der Bundesligageschichte folgen sollte. Mit diversen Zetteln bewaffnet, betrat Giovanni Trapattoni den Raum. Der bei den Fans heißgeliebte Maestro selbst und sein italienisches Temperament ließen keine Zweifel daran: Der Coach war sauer, nein, er war stinksauer. Restlos bedient vom pomadigen Auftritt seiner Truppe und zutiefst gekränkt in seiner aufopferungsvollen Trainerseele. Ein Mann, der alles gegeben, der vertraut hatte und der so bitter enttäuscht worden war. Allerdings nicht von einer Frau, sondern – von seiner Mannschaft.

Trapattoni rückte kurz das Mikrofon zurecht, holte einmal tief Luft – und holte aus zu seiner unvergessenen »Flasche leer«-Brandrede. Eine Minute und 56 Sekunden sollte der Ausbruch dauern. Knappe zwei Minuten, die Sportgeschichte schrieben.

»Sind Sie bereit?«, fragte Mediendirektor Markus Hörwick noch, dann begann das verbale Solo eines der erfolgreichsten Trainer der Fußballgeschichte. Leider war manches unzusammenhängend, anderes schwer bis überhaupt nicht verständlich, und so blieben dann vor allem Formulierungen wie »hat gespielt wie Flasche leer« oder »ich habe fertig« hängen. Nach einer ebenso kurzatmigen wie echauffierten Einleitung ging er zum Rundumschlag über. »Ein Trainer ist nicht ein Idiot!«, rief er laut. Und Trap betonte jedes einzelne Wort. »Ein Trainer sehen, was passieren in Platz. In diese Spiel es waren zwei, drei oder vier Spieler, die waren schwach wie eine Flasche leer!«

Insbesondere einen Spieler ließ Trap seinen ganzen Unmut spüren, der (zu seinem Unglück) auch noch Strunz hieß. Was unfreiwilligerweise dem berühmten »stronzo« so ähnlich ist, einem der beliebtesten Schimpfwörter in Italien. »Stronzo« aber bedeutet so viel wie »Vollidiot«, manchmal auch mehr.

Der Wutausbruch wäre wohl kaum so berühmt geworden, hätten Trapattonis bescheidene Kenntnisse der deutschen Grammatik nicht für unfreiwillige Komik gesorgt. Und dazu noch diese ausholende italienische Gestik. Ein Mann, ein Vulkan.

Und der ließ sich nicht stoppen. Also fuhr er fort: »Struuunz! Strunz ist zwei Jahre hier, hat gespielt zehn Spiel, ist immer verletzt. Was erlauben Strunz?!!« Dass dessen Frau den Spieler wechseln und sich fortan Effenberg nennen würde, ahnte damals noch niemand. Schließlich hob Trapattoni, dem langsam die Stimme versagte, zum großen Finale an. »Ich bin müde jetzt Vater diese Spieler, eh …, verteidige immer diese Spieler. Ich habe immer die Schulden (Trapattoni meinte hier: Schuld) über diese Spieler. Einer ist Mario, einer, ein anderer ist Mehmet. Strunz dagegen nicht, hat nur gespielt 25 Prozent diese Spiel!«

Kurze Pause. »Ich habe fertig!«

Dann verschwand er durch die Hintertür. Auf den Gesichtern der Journalisten lag offenes Staunen genauso wie ungläubiges Grinsen. Wir konnten einfach nicht glauben, was wir gerade erlebt hatten. Und wir ahnten schon, dass wir Zeuge eines historischen Moments geworden waren, wir spürten das Surreale der Situation, die jede Fantasie übersteigt. Keine Wutrede in der Bundesliga kam jemals an die von Trapattoni heran, ausgerechnet dem Mann, dem sein zuvorkommendes Auftreten den Beinamen »Maestro« eingebracht hatte. Etliche Jahre später lernte ich Italienisch und verstand fortan auch, warum er so geendet hatte, denn im Italienischen heißt die direkte Übersetzung von »ich habe fertig« tatsächlich: »ho finito«, mit »haben«, statt »sein«.

Eine Woche nach dem verbalen Vulkanausbruch schied Bayern gegen den BVB in der Champions League im Achtelfinale aus. Meinem 1. FC Kaiserslautern gelang das Kunststück unter Otto Rehhagel, als erstem und bislang einzigem Aufsteiger die Meisterschaft zu holen. Den Bayern blieb ein wenig glanzvoller Pokalsieg gegen den MSV Duisburg. Trap verließ daraufhin die Bayern und ging nach Florenz. Wie schade, dass er hierzulande beinahe ausschließlich auf diese Rede reduziert wird, immerhin zählt er mit 20 Titeln zu den erfolgreichsten Vereinstrainern aller Zeiten, und er gehört zu den prägendsten Figuren des italienischen Fußballs.

Doch ich muss gestehen: Mein Artikel über diese Rede verkaufte sich hervorragend. Danke, Trap!

Teil zwei:

»Bild«-Zeitungs-Jahre

Die Mutter aller Niederlagen

Mein Freelance-Arbeits-Modell war zwar einigermaßen einträglich, mein kleines WG-Zimmer kostete 450 Mark warm, trotzdem musste ich mir immer wieder neue Jobs suchen. Ich machte sogar ein Praktikum bei der seriösen »Frankfurter Allgemeinen Zeitung« bei Roland Zorn und Michael Horeni und durfte dort sogar den ein oder anderen Artikel veröffentlichen. Ich wunderte mich nur, dass ich plötzlich so lange Riemen schreiben sollte, das lag mir so gar nicht.

Im Laufe des Jahres 1998 kam die UEFA auf mich zu. Im Auftrag der Europäischen Fußball-Union sollte ich bei Champions-League-Spielen in München Zitate der Spieler aufnehmen, die ich dann in das damals noch junge Medium Internet einpflegte. Ein prima Zusatzjob, der sich mit meinen anderen Geldeinnahmequellen perfekt verbinden ließ. Ich war selig. Gezahlt wurde auch noch cash und in Schweizer Franken.

Das Tollste aber an dem Job war die Akkreditierung. Ein dicker Plastikausweis mit einer eindeutigen und unmissverständlichen Aufschrift: UEFA – ACCESS ALL AREA. Das sind die magischen drei Wörter. ACCESS ALL AREA. Für einen solchen Ausweis würde so mancher Fan töten. Na ja, zumindest weibliche, wenn er für ein Robbie-Williams-Konzert gelten würde. Als ich ihn zum ersten Mal in der Hand hielt, wurde mir beinahe ehrfürchtig zumute.

Ich habe mich nach dem Tag beim BVB nie wieder in die Umkleidekabinen getraut, nur mal reingespitzelt, aber allein die Möglichkeit, es tun zu können, fühlte sich fantastisch an. Ich hängte mir den kleinen Schatz um und lief erst einmal überall durchs Stadion. Nur weil ich es durfte. Ich schaute in den VIP-Bereich des alten

Olympiastadions, hüpfte durchs Marathontor, schaute runter zum Spielfeldrand und lugte in die Kabinen. Ich ging all die Wege ab, die mir sonst verwehrt blieben.

Außerdem erlaubte ich mir, den Ausweis noch auf andere Weise zu nutzen und dadurch den wartenden Journalistenkollegen unter die Arme zu greifen. Wie? Nun, ich schätze, ich habe meine Job-beschreibung selbsttätig etwas erweitert ...

Den Spielern bot sich im Münchner Olympiastadion immer die Möglichkeit, durch den Hinterausgang zu entschwinden. Dadurch mussten sie nicht an den wartenden Journalisten vorbei und entgingen eventuell unbequemen Fragen. Für die Kollegen, die in der Pressezone auf die Akteure lauerten, war das naturgemäß nicht so toll. Ich wusste aus eigener Erfahrung, wie sich das anfühlte. Denn wir brauchten natürlich die Stimmen zum Spiel, auch ich, als »UEFA-Notetakerin«.

Also schnappte ich mir kurzerhand die wichtigsten Spieler, wenn sie aus der Kabine kamen, zeigte unauffällig auf meinen UEFA-»All Area Ausweis« und bat sie höflich, den in der Mixed Zone wartenden Kollegen doch bitte noch einige Interviews zu geben. Das hat eigentlich immer geklappt, so ein Ausweis hat eine echte Strahlkraft. Nur bei David Beckham nicht, aber immerhin bekam ich auf diese Weise mein erstes Interview mit ihm. Was für ein Triumph! Doch ehrlich gesagt habe ich ihn kaum verstanden, weil er so schrecklich nuschelte.

Allerdings habe ich Beckham Jahre später noch einmal zufällig in Mailand getroffen, als er im Luxushotel »Principe di Savoia« residierte. Ich wohnte damals in Mailand und ging manchmal zur Kosmetikerin des Hotels. Dummerweise kam ich gerade von einer Gesichtsreinigung, die Haare noch fettig von der Massage. Ich fuhr im Aufzug nach unten, und als sich im Erdgeschoss die Türen öffneten, stand er da. Er trug Jeans, einen lässigen grauen Kaschmirpulli und einen flaschengrünen Parka. Und er sah einfach unverschämt gut aus. Mit leichter Schnappatmung ging ich an ihm vorbei. Drei Meter weiter drehte ich mich noch einmal kurz um. Mir war, als hätte ich seine Blicke im Rücken gespürt. Leider war da wohl der Wunsch Vater des Gedankens, denn er hatte mich nicht einmal wahrgenommen. Egal, dachte ich mir und rief trotzdem sofort alle meine Freundinnen an. Ehrlich, also ich schwöre, ich mache mir sonst überhaupt nichts aus Fußballern, ich bin ja fußball- und nicht spielerbegeistert. Aber David Beckham war wirklich ein Hingucker. Dann will ich es zugeben: Gleiches galt übrigens für den Schweden Freddie Ljungberg, der sich beim Interview anlässlich der WM 2006 auch noch andauernd das Trikot hochzog und sich an seinem Sixpack kratzte. Aber damit hört es auch schon auf mit der Schwärmerei, versprochen!

Im Mai 1999 erhielt ich durch meinen Job als »Notetaker« eine Einladung zum Champions-League-Finale in Barcelona: Bayern München gegen Manchester United. Ich war wie gelähmt. Camp Nou, dieses unglaubliche Stadion, ein Finale mit deutscher Beteiligung, meine Vorfreude war riesig. Doch es stellte sich die Frage: Wie sollte ich so schnell noch einen Flug oder ein Hotelzimmer bekommen?

Die Preise für Flüge lagen schon weit über 1000 D-Mark, das war lange nicht mehr im Budget. Also bildete ich mit einem Kollegen von der »Frankfurter Allgemeinen Zeitung« eine Fahrgemeinschaft, und wir rissen die zwanzig Stunden ab bis Valencia. Dort übernachtete ich bei einem alten Schulfreund. Dann nahm ich den Zug nach Barcelona. Am Abend vor dem Champions-League-Finale luden uns die Bayern zum Essen ein in ein uriges spanisches Lokal in der Altstadt. Die Stimmung war bestens. Nicht, dass die Bayern klar Favorit gewesen wären, beide Mannschaften zählten bereits Ende der 90er zu den stärksten Teams Europas, aber die Münchner hatten schon in der Vorrunde Barcelona im gleichen Stadion geschlagen, und für das Endspiel waren bei Manchester

United sowohl Roy Keane als auch Paul Scholes gesperrt, während die Bayern in Bestbesetzung auflaufen konnten.

Zuletzt hatte sich damals der deutsche Rekordmeister die internationale Krone 1976 aufgesetzt. Es schien einfach wieder an der Zeit für den Titel – und die Zuversicht war groß, als die Mannschaft von Ottmar Hitzfeld durch ein Freistoßtor von Mario Basler in der 6. Minute in Führung ging. Ich saß neben einigen englischen Journalisten auf der Pressetribüne im Estadio Camp Nou, diesem spanischen Tempel des Fußballs, die sich dermaßen lautstark ereiferten, dass sie noch tagelang heiser gewesen sein müssen.

Der nationalen Konkurrenz waren die Bayern am Ende der Meisterschaft um 15 Punkte enteilt, rauschhafte Europapokalabende bescherten dem staunenden Publikum Siege gegen Barcelona und Kiew. »Seit 25 Jahren macht es endlich wieder Spaß, ins Olympiastadion zu kommen«, schwärmte sogar der Kaiser. Mit der Freude am Spiel ging eine ebenfalls nicht gekannte Ruhe im Club einher. Am Ende einer Spielzeit, die von Skandalen und Eskapaden geprägt war, kehrte plötzlich Frieden ein an der Säbener Straße.

Nichts und niemand schien diese Bayern zu stoppen in jenen Tagen, schrieb Christian Seidl einmal im »Spiegel«. Ich sah sie fast jeden Tag und war fasziniert vom Zusammenhalt, der die Mannschaft im Mai 1999 prägte, obwohl sie sich während der Saison einigen Zoff geleistet hatte. Mehmet Scholl war für den Spaß zuständig, die Leitwölfe Matthäus und Effenberg betrachteten jede Niederlage als persönlichen Affront und wollten unbedingt den Erfolg. Auch gegen Manchester United, den reichsten und zum damaligen Zeitpunkt wohl spektakulärsten Fußballverein der Welt.

Und so pilgerten die Massen am 26. Mai 1999 ins Stadion Camp Nou, mit dessen Dopingkabine ich später noch Bekanntschaft machen sollte. Die Euphorie war selbst bei Nicht-Bayern-Anhängern grenzenlos.

»Diese Möglichkeit kriegt ihr vielleicht nur einmal im Leben«, gab Ottmar Hitzfeld seinen Spielern mit auf den Weg. Einige Probleme galt es dennoch auf dem Weg zum Triumph zu lösen. Giovane Elber hatte sich ein paar Wochen zuvor bei einem Bundesligaspiel in Hamburg einen Kreuzbandriss zugezogen, Bixente Lizarazu, der Linksverteidiger, der ein Jahr zuvor mit der Équipe Tricolore Weltmeister geworden war, hatte sich bei einem Länderspiel verletzt. Doch auch Manchester United war gehandicapt. Mittelfeldstar Roy Keane war wegen zweier Gelber Karten für den Wettbewerb gesperrt, deshalb musste David Beckham seine geliebte Außenbahn verlassen. Im Zentrum kam er fast überhaupt nicht zur Geltung.

Die Bayern kontrollierten vom Anpfiff weg das Geschehen. Bereits nach fünf Minuten, kaum dass alle Zuschauer ihre Plätze eingenommen hatten, wurde Carsten Jancker an der Strafraumgrenze umgerissen. Mario Basler nahm Maß und zirkelte den Freistoß um die Abwehrmauer ins Netz.

Die Bayern führten 1:0, und die Engländer brauchten die komplette erste Halbzeit, um diesen Rückschlag wegzustecken. In der Pause machten wir schon Späße auf der Pressetribüne, die englischen Kollegen wollten uns bereits gratulieren.

Auch in der zweiten Halbzeit hatten die Bayern das Spiel unter Kontrolle und hielten, auch dank Lothar Matthäus, den Ball immer wieder in den eigenen Reihen. Manchester verstärkte den Druck. Vergebens. Allein, das beruhigende 2:0 blieb dem deutschen Rekordmeister verwehrt. Das Tor war wie zugenagelt.

Die Engländer hatten längst ihre Spielkultur vergessen und droschen die Bälle nur noch nach vorne. Lothar Matthäus ließ sich auswechseln, was mich auf der Tribüne stark beunruhigte. Sir Alex Ferguson wiederum brachte Teddy Sheringham und den norwegischen Edeljoker Ole Gunnar Solskjaer. Das beunruhigte mich weniger, aber es sollte die folgenreichste Einwechslung der Fußballgeschichte werden.

An der Seitenlinie sah ich Mario Basler den Teamkollegen die Daumen drücken und mitfiebern. Er hatte sich in der 89. Minute aus der Partie verabschiedet, um sich von den mitgereisten Bayern-Fans den verdienten Sonderapplaus abzuholen. »Der Champagner war schon unterwegs. Ich war der Meinung, da passiert nichts mehr. Wir alle haben so gedacht. Wir hatten das Spiel ja absolut in Griff ...«, erzählte Basler später. Die Ersatzspieler trugen schon T-Shirts mit der Aufschrift: »Bayern München, Champions League Sieger 1999«.
Ich ersehnte oben auf der Tribüne förmlich den Schlusspfiff herbei und beobachtete Ferguson, der mit stoischer Miene an der Seitenlinie ausharrte. Ich überlegte, wie ich bei all den bajuwarischen Feierlichkeiten überhaupt zu meinen Interviews kommen sollte.
90 Minuten und 16 Sekunden waren bereits verstrichen. Dann aber verlor Markus Babbel, bedrängt von zwei Gegenspielern, für einen Moment die Übersicht, drehte mit dem Ball in Richtung des eigenen Tores ab, und ihm blieb nur eine Möglichkeit, aus der Situation rauszukommen: »Er kann den Ball zum Torwart zurückspielen, der drischt ihn auf die Tribüne, und der Schiedsrichter pfeift das Spiel ab«, erinnert sich Hitzfeld.
Ich sah, wie Babbel in einem winzigen Augenblick eine Entscheidung fällen musste. Und er traf die falsche. Er wollte nicht zu Kahn zurückspielen, das Risiko war ihm zu groß. Babbel erinnert sich vermutlich an das einzige Eigentor seiner Karriere, das aus einem Fehlschlag seines Keepers resultierte ... Also spielte er Thomas Linke an, der aber sehr schlecht stand und sich sofort von ManU-Spielern umringt sah. Die Situation konnte er nicht mehr retten und ließ es auf eine Ecke ankommen.
Der FC Bayern hatte nur noch diese Aktion zu überstehen, dann wartete mit dem Henkelpott die wichtigste europäische Vereinstrophäe. Doch Hitzfeld ahnte schon, dass das Schicksal noch eine andere Wendung nehmen könnte. Basler: »Dann kam dieser ominöse Eckball, der wurde bestraft, und dann ging es unfassbar schnell ...«:

David Beckham tritt den Eckball scharf in den Strafraum, ein verunglückter Befreiungsschlag von Thorsten Fink landet knapp außerhalb des Strafraums bei Ryan Giggs, der das Leder wie ein retournierender Tennisspieler zurückfeuert, dabei die Fußspitze von Teddy Sheringham trifft, und auf einmal jubeln die Engländer. 1:1. Und ab da nahm ich alles Weitere wie in Zeitlupe wahr. Die Sekunden wurden zu Stunden. Der italienische Schiedsrichter Collina pfeift das Spiel noch einmal an, die schockierten Bayern verlieren umgehend den Ball, die Engländer fahren einen letzten Angriff, und erzwingen einen allerletzten Eckball.

Das Drama nimmt seinen Lauf. Wieder läuft Beckham hinaus, wieder tritt er den Ball mustergültig mit seiner ausgezeichneten Körperhaltung in den Strafraum. Und wieder landet der Ball nach mehrmaliger jäher Richtungsänderung auf einer Fußspitze, diesmal ist es die von Solskjaer, und wieder ist der Ball im Tor. 2:1 für Manchester United. Dann ist das Spiel aus.

Die englische Kurve explodierte förmlich. »Der Fußballgott ist Engländer« titelten die Zeitungen am nächsten Tag. Eine Tatsache, die sich im Finale 2012 übrigens erneut unter Beweis stellen sollte, für 2013 galt das dann nicht mehr. Mario Basler lief sofort in die Kabine, ihm folgte Franz Beckenbauer. Und angesichts der Wucht dieser Niederlage war sogar der Kaiser sprachlos. »Er hat immer nur den Kopf geschüttelt. Das hat schon was, wenn sogar der Franz mal sprachlos ist. In deinem Kopf war eine unfassbare Leere, zwischen uns war es mucksmäuschenstill in unserem Kabuff, während sich draußen alles überschlagen hat. Es war nicht zu kapieren, was gerade passiert war«, erinnert sich Mario Basler später in einem Interview mit der Münchner »tz«.

Der »Spiegel« schrieb: »Heute gelten die Ereignisse aus dem Endspiel von 1999 als eine jener großen, vom Hauch des Irrealen umwehten Niederlagen, in denen der Sport zu sich selbst findet: als Abbild des Lebens, mit all seinen Ungerechtigkeiten und unkontrollierbaren Wendungen.« Besser kann man es nicht formulieren. Und die Bayern zeigten Größe. Unmittelbar nach dem Schlusspfiff reichte Ottmar Hitzfeld seinem Gegenüber Ferguson die Hand, die Spieler holten sich die Silbermedaille und applaudierten den Siegern. Später auf dem Bankett feierten sie irgendwann sogar. Basler: »Einige haben es nicht verstanden, dass wir am Ende sogar in Partystimmung gekommen sind, aber wir wussten, wir konnten uns keine Vorwürfe machen. Wir hatten in diesem Spiel alles gegeben, wirklich alles, aber es sollte einfach nicht sein.«

Ich habe höchsten Respekt vor den Leistungen des FC Bayern, trotzdem bin ich dem 1. FC Kaiserslautern weiterhin treu, Ehrenwort! In dieser Minute aber nach dem Spiel im Camp Nou stiegen auch mir Tränen in die Augen. Dies war die »Mutter aller Niederlagen«, ich hatte nie etwas Vergleichbares erlebt. Noch nie hatte eine Mannschaft in der Nachspielzeit ein Finale so verspielt. Und die Enttäuschung saß am Ende doch tief, denn kurz nach diesem Drama verloren die Bayern auch noch das Pokalfinale gegen Werder Bremen.

Ich flüchtete mich ins Hotel, wo viele Journalisten ihre Enttäuschung in Rioja oder Cerveza ertränkten. Ein freundlicher Gentleman mit schlohweißem Haar sprach mich an der Bar an und stellte sich vor: Herbert Jung, Sportchef der »Bild«, München. Ich sei doch die Journalistikstudentin, die für diverse Zeitungen von den Bayern berichte? Ich bejahte. Er redete nicht lange um den heißen Brei herum, sondern fragte, ob ich Lust hätte, für die »Bild« zu schreiben. Die Spielvereinigung Unterhaching sei schließlich aufgestiegen, und man suche noch Verstärkung für die Sportredaktion. Ich fackelte nicht lange. Die »Nacht der Tränen« – so die »Bild« über das Finale – sollte für mich doch noch ein positives Ende bereithalten.

Und nicht nur für mich, auch für den deutschen Rekordmeister.

Nie wieder würden die Bayern ein Spiel abhaken, ehe nicht der letzte Pfiff ertönt ist. So wurde die Niederlage von Barcelona zur Geburtsstunde der »Last Minute Bayern«. Nur ein Jahr später fingen Hitzfelds Männer am letzten Bundesliga-Spieltag noch die Elf von Bayer Leverkusen ab.

Am 23. Mai 2001 wurde die Geschichte dann endgültig korrigiert: Der FC Bayern steht in Mailand im Champions-League-Finale gegen den FC Valencia. Die Bayern verschießen im Lauf des Spiels drei Elfmeter, der letzte und entscheidende Strafstoß landet jedoch in den Händen von Oliver Kahn. Bayern ist am Ziel. »1999 war vergessen«, sagt Hitzfeld. Aber es hatte dieses Team geprägt: »Wir spielten zwei Jahre am Limit. So lange, bis es endlich wir waren, die dort oben standen.« Auch bis sie 2013 das Champions-League-Finale gegen den BVB gewannen, brauchten die »Roten« drei Anläufe. Doch schließlich hielten sie wieder den Henkelpott in Händen.

Herbert Jung und ich besiegelten an diesem Abend in Barcelona unser neues Arbeitsverhältnis per Handschlag und mit einem Glas Rioja. Die Tour hatte sich gelohnt. Ich hatte es geschafft. Ab sofort würde ich für Deutschlands größte Tageszeitung schreiben – über den Überraschungsaufsteiger aus dem kleinen Münchner Vorort Unterhaching.

Die Unterhaching-Expertin

Was uns die Uni, die ich früh verlassen sollte, in der Theorie bei-
brachte, konnte ich alsbald täglich in der Praxis umsetzen. Während meines Volontariats hatte ich schon einige journalistische Erfahrung sammeln können, aber mit der »Bild« öffnete sich doch
noch einmal eine ganz neue Welt. Die Welt des Boulevards …

Der entscheidende Unterschied zwischen der »Bild« und anderen
Tageszeitungen besteht eben darin, dass sie nicht auf Agenturmeldungen zurückgreift. »Bild«-Artikel werden von ihren Reportern und Redakteuren eigenhändig recherchiert und aufbereitet,
der Druck durch die Konkurrenz der anderen Boulevardblätter ist
nicht zu verleugnen.

Natürlich ist die Lektüre der Nachrichtenagenturen genauso
Pflicht wie bei allen anderen Blättern, aber die »Bild« legt Wert
auf von eigenen Journalisten recherchierte Stories und passende
Schlagzeilen. Doch was eine Geschichte für die Zeitung ist und was
nicht, nun, das musste ich erst lernen. Meine damaligen Chefs Herbert Jung und Fritz Hautsch waren da nicht zimperlich und hatten für »Bild«-unwürdige Geschichten immer einen Spruch parat:
»Kein Mord in der Schellingstraße. Außerdem kommt der Papst
nicht nach München.«

Was bedeutete: Manches ist wirklich keine Schlagzeile wert.

Jeder »Bild«-Reporter muss mittags für den Lokalteil die eigene
Geschichte in der großen Redaktionssitzung präsentieren, und
dann wird entschieden, was ins Blatt kommt. Es lohnt sich auf
jeden Fall, schon einmal eine Schlagzeile in petto zu haben, das
habe ich rasch gemerkt. Und natürlich gibt es dann die Artikel, die
im überregionalen Teil erscheinen, wenn sie von nationaler Bedeutung sind. Dann entscheidet die Bundesredaktion im Haupt-

quartier über die Überschrift. Solche Artikel sind allerdings rar, wenn man über die Spielvereinigung Unterhaching berichtet, wen wundert's, schließlich waren sie keinesfalls von nationalem Interesse.

Wer wollte außerhalb von Unterhaching wissen, ob das Team nun in einer taktischen 4-4-2- oder einer 4-2-3-1-Formation antreten würde? Ich bezweifle sogar, ob das viele in Unterhaching selbst berührte ... Stand allerdings eine Begegnung mit Bayern München auf dem Spielplan, verglichen wir Haching gerne mit dem gallischen Dorf von Asterix und Obelix – und dann stand auch mein Name bundesweit in der Zeitung. Ja, das war ein schönes Gefühl. Im Übrigen fanden die Hachinger das nie so lustig, jaja, Selbstironie ist eine schwierige Sache.

Und bei der »Bild« mussten immer zwei Quellen ein Gerücht bestätigen, bevor ich berichten durfte. Nur einmal galt das nicht, und das führte direkt in meinen journalistischen Untergang – aber dazu später mehr.

Eine schöne Geschichte aus meiner Hachinger Zeit: Da kontaktierte mich damals der Manager des FC Tirol, Robert Hochstaffl, und erzählte mir, dass ein ehemaliger deutscher Nationalspieler bei Unterhaching angeheuert habe. Gut, Marco Haber hat in seiner Karriere nur zwei Länderspiele bestritten, gegen Belgien und Südafrika, aber Nationalspieler ist nun einmal Nationalspieler. Marco Haber war bereits mit 19 Jahren deutscher Meister geworden, in Diensten des 1. FC Kaiserslautern, und über den VfB Stuttgart war er schließlich auf den Kanaren bei UD Las Palmas gelandet.

Dort wollte er nicht stranden, also hatte er sich angeblich dem Aufsteiger Unterhaching angeschlossen. Ich war sicher, dass Hochstaffl, der Ex-Musiker, Junioren-Nationalradfahrer, Ex-Gendarm und Ex-Sat.1-Wunschkonzert-Moderator, die Wahrheit sagte, auch wenn der später wegen anderer Delikte im Knast in Österreich landen sollte. Doch die Hachinger mauerten. Auch mein Kollege, der seit zehn Jahren den Verein betreute, wollte es nicht glauben. Es kränkte ihn zudem in seiner Reporterehre, dass ich Nachwuchsschreiberin an eine solche Information gekommen war, die er doch hätte haben müssen.

Ich rief also am späten Nachmittag noch einmal beim Verein an. »Wieso gebt ihr denn den Wechsel nicht einfach bekannt«, fragte ich. »Ich weiß doch, dass alles bereits in trockenen Tüchern ist.« Der Pressesprecher berief sich auf die »No-Comment«-Policy seiner Verantwortlichen. Puh …

Der Artikel wäre also beinahe nicht erschienen, weil er bis kurz vor Redaktionsschluss nicht weiter verifiziert werden konnte. Irgendwann erreichte meinen Kollegen ein Rückruf des Managers der SpVgg. Ja, man sei sich einig mit Haber. Danke und ab mit der Geschichte ins Blatt.

Für mich als Unterhaching-Reporterin war die Exklusiv-Geschichte von der Verpflichtung eines früheren Nationalspielers schon ein echter Coup. Sonst ging ich täglich zum Mannschaftstraining unter dem damaligen Coach Lorenz-Günther Köstner, der damals in meinen Augen eine unglaubliche Ähnlichkeit mit meinem Vater besaß und mir vermutlich aus diesem Grund sofort sympathisch war. Dummerweise beruhte das nicht unbedingt auf Gegenseitigkeit …

Fußballtrainer wissen natürlich um die Bedeutung der »Bild«, und sie wollen es sich nicht mit ihr verscherzen. Deshalb sprechen sie mit den Reportern – teilweise unter der Hand – schon früh über die Mannschaftsaufstellung oder erklären, warum sie zum Beispiel einen Wechsel in der Startelf vorgenommen haben. Lorenz-Günther Köstner aber wollte sich nie in die Karten schauen lassen, schon gar nicht von mir.

Im Gegensatz zum Trainer legen die Spieler besonderes Augenmerk auf die Schulnoten in der »Bild«, und so ergab es sich des Öfteren, dass diverse Spielerfrauen zeternd bei meinem damaligen Kollegen Wolfgang Ruiner anriefen, um sich über die Leistungszensuren ihrer Männer zu beschweren. Mit ihm teilte ich mir das Büro, und der gebürtige Wiener war mehr als nur ein Sportjournalist. Blunzi, wie er genannt wurde nach einem österreichischen Schokoriegel, war ein Unikat und für die Zeitung absolut unverzichtbar. Denn nur er hatte das Ohr am Puls des FC Bayern München. Er kannte Polizisten, die ihm steckten, wenn wieder mal ein Spieler bei einer Verkehrskontrolle auffiel. In jeder Diskothek hatte er seine Informanten, die ihm von den nächtlichen Eskapaden der Spieler berichteten.

Aber sein wichtigster Draht war der »zum Lothar«. Blunzi war DER Matthäus-Mann. »Er hat mich nie sterben lassen«, sagte er einmal dem »Spiegel«. Das bedeutete: Wenn Blunzi etwas wissen musste, dann wusste er es auch. Er war der wichtigste Mann an der Front, und ich konnte eine Menge von ihm lernen.

Das Unglaublichste an Blunzi war meiner Meinung nach, dass niemand ihm je lange böse sein konnte. Mit seinem Wiener Charme rief er lauthals ins Telefon »A geeee, is doch nicht so wuild«, sobald sich jemand bei ihm über einen Artikel beschwerte. Er konnte aufgebrachte Anrufer binnen Sekunden beschwichtigen, im Zweifelsfall mit einem entspannten: »Maaa, geeeeh, des interessiert doch morgen eh keinen mehr …« Heute im Blatt, morgen überm Fisch, sagen andere Kollegen gerne.

Jedenfalls hatte Blunzi dank Matthäus den wichtigsten Fußballclub des Landes jederzeit am Handy – und ich saß dabei. Doch nicht nur Lothar Matthäus rief an, auch andere Spieler steckten ihm Geschichten, weil diese genauso gut von Matthäus hätten stammen können. Daher funktionierte Blunzis Informationssystem bestens. Was für ihn Standardwissen war, hob die »Bild« bei Bedarf gekonnt in ungeahnte Höhen empor. Unvergessen wird eine Sonderseite anlässlich des 143. Länderspiels bleiben, auf der Lothar Matthäus zeitungshoch in der Unterhose zu besichtigen war. »Mein Körper ist eine Gabe Gottes«, ließ er im Text wissen.

Als Lothar Matthäus im Jahr 2000 in die Major League Soccer wechselte, zu den New York Metrostars, fanden gerade die US Open statt, über die ich berichten durfte. Für die Geschichte »Lothars New York« fuhr ich in sein neues Stadion, speiste in seinem Lieblingsrestaurant (glibbrige Austern für 35 Dollar) und schaute mich in den Lieblingsläden seiner damaligen Freundin Maren Müller-Wohlfahrt um. Die Informationen, wo ich nach Matthäus Ausschau halten sollte, kamen natürlich von Blunzi. Der hatte zeitweilig sogar bei Lothar gewohnt im Trump Tower 721, 5th Avenue.

Die beiden haben sich inzwischen zerstritten und auch wieder versöhnt, sie können sich eh nie lange bös sein, aber damals wusste mein Kollege noch im Urlaub die wichtigen Fakten – so dass ich als seine Vertretung nur selten ins Hintertreffen geriet bei der starken Konkurrenz durch die »Abendzeitung« und die »tz«, die beiden Boulevardblätter in München. Seit Blunzi bin ich fest davon überzeugt, dass Neugier die Grundvoraussetzung eines guten Reporters ist.

Aber in erster Linie hieß mein Job natürlich Unterhaching, auch wenn es da nur halb so viel zu berichten gab. Oder im Zweifelsfall gar nichts. Manchmal musste man sich schon etwas einfallen lassen. Als Köstner den damaligen Angreifer Jochen Seitz im Trainingsspiel immer wieder 30 Meter weiter nach vorne beorderte, lautete unsere Schlagzeile am nächsten Tag: »Köstner lässt jetzt stürmen«. Eine harmlose Sache, garniert mit ein paar Eindrücken und Statistiken über den nächsten Gegner, den 1. FC Kaiserslautern.

Am nächsten Tag wackelte ich wieder brav zum Training. Oft aßen wir wenigen Reporter noch im Vereinsheim, um danach mit dem Trainer zu sprechen. Gegen 13.30 Uhr erschien Lorenz-Günther Köstner. Er musterte mich und sagte zur Begrüßung: »Gott sei Dank habe ich schon gegessen, sonst wäre mir bei Ihrem Anblick der Appetit vergangen.« Autsch, das saß. So viel Charme hatte ich ihm gar nicht zugetraut. Ich habe seinen Unmut nie richtig verstanden, wir haben danach aber auch nie wieder darüber gesprochen.

Unterhaching sollte mit einem 10. Tabellenplatz und unter anderem mit Siegen über Stuttgart, Dortmund und Schalke die Klasse halten. Insgesamt schaffte es der kleine Vorortverein sensationell, zwei Jahre in der Bundesliga zu überdauern. Und in beiden Spielzeiten spielten die Hachinger eine große Rolle bei der Vergabe der Meisterschaft. Sie waren das Zünglein an der Meister-Waage. Was mir einige aufregende Stories und viel Erfahrung bescherte. So schockte am letzten Spieltag der Aufstiegssaison 1999/2000 die SpVgg die bis dahin topplatzierten Leverkusener mit einem 2:0-Erfolg, wobei Michael Ballack ein Eigentor fabrizierte. Zeitgleich besiegte der FC Bayern München Werder Bremen mit 3:1 und holte die Bayer-Elf aufgrund der besseren Torbilanz noch ein. Das Phänomen »Vizekusen« nahm seinen Lauf: Leverkusen sollte auch noch das DFB-Pokalfinale und das Champions-League-Endspiel verlieren. Ein Negativ-Triple, das die Bayern 2012 unfreiwillig nachahmten.

Ein Jahr später beeinflusste »mein« kleiner Dorfverein die Meisterschafts-Entscheidung zwar nicht direkt, war aber zumindest dabei anwesend. Bereits so gut wie abgestiegen, lieferten die Hachinger einen großen Kampf beim FC Schalke 04 ab. Die SpVgg führte 2:0 und 3:2, unterlag am Ende aber mit 3:5 und war mit dabei, als sich die »Königsblauen« für wenige Minuten als Deutscher Meister feiern ließen, ehe den Bayern quasi mit dem Schlusspfiff der Ausgleich beim HSV gelang – und sie Meister wurden. Für viele ein ungerechter Treppenwitz der Fußballgeschichte.

Dem Abstieg folgte ein schweres Jahr in der 2. Bundesliga, bei dem ich auch noch hautnah dabei sein durfte. Nach vier Niederlagen und nur einem Sieg aus den ersten sechs Spielen musste Köstner seinen Stuhl räumen. Doch auch die beiden Nachfolger des Erfolgstrainers konnten den Fall in die Regionalliga nicht stoppen. Mittlerweile hat sich der Verein konsolidiert, mit Manni Schwabl, dem neuen Präsidenten, und wartet auf die Rückkehr in den Profifußball.

Mit Lothar Matthäus arbeite ich mittlerweile bei Sky sehr gut zusammen, und ich kann berichten, dass er nach dem Champions-League-Finale 2013 noch lange bei uns, den Mitarbeitern aus dem »Maschinenraum«, saß und für jeden ein offenes Ohr hatte. Und dass er immer noch von sich in der dritten Person spricht, ist mittlerweile eine doofe Verleumdung.

Jagd auf Graf und Agassi

Im Oktober 1999 fand in der Münchner Olympiahalle der 10. und letzte Compaq Grand Slam Cup statt. Eine Tennisveranstaltung ohne größeren sportlichen Wert, teilnahmeberechtigt waren die besten 16 Spieler im Herrentennis bei den vier Grand-Slam-Turnieren des abgelaufenen Jahres. Im Jahre 1989 hatte der spätere Becker-Manager Axel Meyer-Wölden die Veranstaltung entwickelt, zu einer Zeit, als Tennis boomte wie kein anderer Sport und sich aus deutscher Sicht mit Boris Becker, Michael Stich, Steffi Graf und Anke Huber gleich vier charismatische Stars in der Weltspitze etabliert hatten.

Über den Stellenwert des Turniers, das Mitte Dezember auf einem schnellen Hallenboden gespielt wurde, gab es viele Diskussionen. Denn außer Geld gab es nichts zu gewinnen, wonach Tennisspieler eigentlich streben. Insgesamt gab es in den ersten Jahren sechs Millionen Dollar zu gewinnen, zwei Millionen allein für den Sieger. Ich hatte NULL Ahnung von Tennis und glaubte, Sand sei bestimmt der schnellste Belag. Trotzdem sollte ich bei der Berichterstattung mithelfen.

Der Star des Jahres war Andre Agassi, und vielleicht hätte der Boulevard gar nicht so ein Interesse an den Tag gelegt, wenn er noch mit Brooke Shields zusammen gewesen wäre. Doch nun war alles anders, denn kurz zuvor war die Medienromanze des Jahres ans Licht gekommen. Erst berichteten die »New York Post« und die »New York Daily News«, schließlich die »Washington Post« über das neue Traumpaar des Sports: Steffi Graf und Andre Agassi. Ein Mediensturm brach los, die »schüchterne Steffi« und der »Tennis-Paradiesvogel«, König André und Lady Steffi, Nike gepaart mit Adidas, Brühl mit Las Vegas.

Trotz ihrer äußeren Unterschiede zwei Seelenverwandte, geschundene Tenniskinder die unter massivem Drill aufgewachsen waren. Agassi im Bollettieri-Camp, Steffi in der harten Schule ihres Vaters, wo sie nur dann ein Eis bekam, wenn sie 50 Schläge hintereinander schaffte.

Unser »Bild«-Auftrag lautete: die ersten gemeinsamen Fotos der beiden auf deutschem Boden zu schießen.

Der damalige Turnierdirektor des Compaq-Grand-Slam-Cup-Showturniers, Bill Dennis, war natürlich höchst erpicht auf gute Berichterstattung in der Presse, für ihn ging es schließlich auch um die Zukunft des Turniers, und so bekam ich die einmalige Chance, gemeinsam mit einem Fotografen in dem Limousinentross mitzufahren, der die beiden Weltstars am Flughafen abholen sollte. Morgens um sechs Uhr öffnete sich uns der Fond einer S-Klasse, und wir wurden zur General Aviation, dem Terminal für Privatflugzeuge, kutschiert.

Graf und Agassi hatten sich im Frühjahr 1999 auf einem Tennisplatz in Florida kennengelernt, eigentlich mehr durch Zufall: Infolge eines Organisationsfehlers mussten sich die beiden einen Übungsplatz in Key Biscayne teilen. Da muss es wohl gefunkt haben, obwohl André damals noch mit Brooke Shields verheiratet und Steffi mit Rennfahrer Michael Bartels liiert war. »Wir hatten da unseren ersten Kontakt. Trotzdem sind wir den ersten Eindruck nie losgeworden«, sagte Steffi Graf einmal dem »OK-Magazin«, und Andre Agassi ergänzte: »Es war etwas Besonderes zwischen uns. Alles ging sehr schnell, wir haben uns verliebt. Und dieses Gefühl hält bis heute an. Es wird jeden Tag ein bisschen stärker.«

Die Romanze, so viel ist sicher, begann im Juni in Paris. Dort spielten beide das für sie wichtigste Turnier ihres Lebens. Agassi vervollständigte seinen persönlichen Grand Slam, als fünfter Spieler der Tennisgeschichte gewann er nach Wimbledon 92, den US Open 94 und den Australien Open 95 auch das Turnier in Roland

Garros. Steffi Graf schaffte ein beeindruckendes Comeback, sicherte sich den sechsten Titel bei den French Open mit dem Finalsieg über die Schweizerin Martina Hingis. Im Nachhinein interpretierte Agassi das so: »Als ich 1992 mein erstes Grand-Slam-Turnier gewann, siegte sie auch. Es war fast Schicksal, dass wir beide in Paris gewonnen haben.«

Drei Wochen nach ihrem letzten Wimbledon-Finale beendete Steffi Graf ihre Karriere, am 13. August 1999, mit 22 Grand-Slam-Titeln, knapp 22 Millionen Dollar Preisgeld und insgesamt 377 Wochen an der Weltranglistenspitze. Zu diesem Schritt muss Agassi ihr schon geraten haben, denn nach der Begegnung in Paris telefonierten die beiden regelmäßig, schrieben sich E-Mails, sahen sich in Amerika.

Damals hätte keiner damit gerechnet, dass die beiden über zehn Jahre später immer noch eine skandalfreie, liebevolle Ehe mit zwei bezaubernden Kindern in Las Vegas führen würden.

Steffi und André wollten zunächst überhaupt keine Öffentlichkeit. Die Gräfin zählte schon immer zu den scheuen Stars und verbat sich Aufmerksamkeit außerhalb des Tennisplatzes. Fotografen oder Reporter bei ihrer Ankunft mit ihrem neuen Lebensgefährten in Deutschland, nun das ging schon gar nicht. Dummerweise hatte sie das auch dem Flughafen München mitgeteilt.

Gemeinsam mit dem Fotografen hatten wir es uns auf dem Rücksitz der schwarzen Limousine bequem gemacht. Um kurz nach sieben Uhr morgens glitten wir auf das Rollfeld, die Sonne war gerade aufgegangen. Die Privatmaschine der beiden Stars war soeben gelandet und glänzte in der Morgensonne. Wir warteten gespannt darauf, dass sich die Tür der Maschine öffnete, und hofften auf einen morgendlichen Schnappschuss der beiden frisch Verliebten. Nur noch Sekunden, und wir hätten unseren Coup gelandet.

Plötzlich kam eine Dame in einem strengen Kostüm auf unseren Wagen zu. Dummerweise hatte der Fotograf schon seine Kamera in Stellung gebracht, als sie uns bat auszusteigen. Sie dachte natürlich zunächst, wir gehörten zur Turnierorganisation. Als sie allerdings die Kamera des Fotografen sah, änderte sich ihr Gesichtsausdruck schlagartig, war sofort statt überfreundlich nur noch reichlich verkniffen.

Spontane Notlügen halfen nichts mehr, die Dame komplimentierte uns ohne Umstände weg. Zack, zack geleitete sie uns zum Ausgang, und da standen wir dann vor dem Flughafen-Terminal – und hatten nichts. Kein Foto, keinen Eindruck, keine Geschichte. Auf dem Rückweg in die Stadt brach ich in Tränen aus. Das war's, dachte ich. Der große Auftrag – und wir hatten alles vermasselt. Wir waren so kurz vor unserem Ziel und wurden einfach rausgeschmissen. Nur den Bruchteil einer Sekunde vor dem ersten gemeinsamen Foto auf deutschem Boden von Steffi Graf und Agassi. Was für eine Blamage, was für eine fürchterliche Reporterniederlage. Ich würde nie mehr für die Zeitung schreiben dürften, meine noch junge Laufbahn würde bestimmt ein jähes Ende finden. Davon war ich überzeugt.

Es gab nur einen einzigen Ausweg aus der Misere, und so rasten wir zurück nach München. Das Paar wohnte im »Bayerischen Hof«, und wir erhofften uns zumindest einen Schnappschuss dort. Leider nahm ihre Limousine den Hintereingang, und wir bekamen auch dort kein Foto. Es sollte nicht sein.

Um neun Uhr morgens klingelte das Telefon, die Zeit der Handys war ja bereits angebrochen. »Hier ist die ›Bild‹-Sportredaktion in Hamburg, Alfred Draxler möchte dich gerne sprechen«, sagte der damalige Tennis-Beauftragte Rolf Hauschild, mittlerweile Redaktionsleiter in München. Mir klopfte das Herz bis zum Hals, und ich bekam schweißnasse Hände. Alfred Draxler! Der Mann aus dem Ruhrgebiet, vom »Spiegel« als »Fuchsmajor« bezeichnet, prägte und prägt den deutschen Sportjournalismus wie niemand jemals zuvor. Seit 1978 arbeitet er bei der »Bild«, er begleitete die deutsche

Nationalmannschaft und den Kaiser 1990 beim Titelgewinn der Fußball-Weltmeisterschaft, er zählt zu den engsten Vertrauten Beckenbauers, und er erfand den Satz: »Der liebe Gott freut sich über jedes Kind«, als Beckenbauer eine Weihnachtsfeier mit Folgen erlebte.

Draxler war und ist die unumstrittene Autoritätsperson der »Bild«. Als Chefredakteur Kai Diekmann ins Silicon Valley ging, übernahm er auch dessen Geschäfte. Und sowenig das vielleicht zusammenzupassen scheint: Er bildet in meinen Augen die moralische Instanz des Blattes. Denn Draxler trägt das Herz des Reviers in sich, ein Straßenjunge aus Gelsenkirchen-Buer, der seine Herkunft nie vergessen hat. Schalker durch und durch, und der mächtigste Mann im deutschen Sport. Meint wiederum der »Spiegel«. Seine Kolumne lesen Millionen, jetzt hat er die Bundesliga mit Bewegtbildern zu »Bild.de« gebracht.

Vielleicht beschreibt ja meine erste telefonische Begegnung ganz gut, wie er tickt. Während ich auf meinen Rauswurf wartete, erklang eine warme, freundliche Stimme am anderen Ende der Leitung. »Draxler hier«, sagte er, und dann macht er eine kurze Pause. Die macht er immer, wenn er seinen Namen genannt hat, so viel weiß ich heute. Damals aber stockte mir der Atem, was würde wohl kommen? »Sie waren vorhin bei Steffi Graf und Andre Agassi auf dem Rollfeld?«

Für einen kurzen Moment erwartete ich Zorn und Enttäuschung. Doch stattdessen sagte er freundlich: »Ich danke ihnen, dass sie sich so für ›Bild‹ engagiert haben. Sie sind irrsinnig früh aufgestanden und haben es geschafft, auf dieses Rollfeld zu kommen. Sie haben so viel getan und sind schließlich nicht belohnt worden. Das tut weh, aber sie sollten wissen, dass wir hier in Hamburg ihr Engagement sehr zu schätzen wissen.« Unendlich erleichtert, machte es mir nichts aus, mich auch die folgende Tage über an die Fersen der beiden Tennis-Stars zu heften, wir verbrachten Stunden in der

Hotellobby des »Bayerischen Hofs« und auf den Trainingsplätzen. Steffi schaute sich die Spiele nicht an und zeigte sich auch nicht in der Öffentlichkeit. Agassi schied am Ende im Viertelfinale gegen den hochmotivierten Tommy Haas aus. Und ich war ehrlich gesagt sehr froh, als das Warten in der Lobby damit ein Ende hatte. Es war mir nicht angenehm, immer wieder nachzuhaken, obwohl die beiden ja nun sichtlich keine Lust auf Presse hatten.

Dass ich Alfred Draxler, dem ich sehr viel zu verdanken habe, noch heute zu meinen Freunden zählen darf, empfinde ich als große Ehre. Ich war auch zu seinem 60. Geburtstag eingeladen, neben den ganz Großen wie Günter Netzer, DFB-Präsident Wolfgang Niersbach, natürlich Franz Beckenbauer, daneben Wladimir Klitschko und viele andere. Besonders ergreifend: Draxler machte seiner Frau Martina noch einmal einen Heiratsantrag – diesmal für die Kirche, denn die beiden waren bis dato »nur« standesamtlich verheiratet. Um Mitternacht sang Grandprix-Star Johnny Logan »Hold me now«, und wir feierten bis zum Morgengrauen.

Der Grand Slam Cup wurde 1999 schließlich zum letzten Mal ausgetragen. Mit Tommy Haas schaffte einer der deutschen Helden den Sprung ins Finale. Haas verlor aber das Finale gegen den Briten Greg Rusedski und verpasste als dritter Deutscher den Millionen-Jackpot. Bei den Damen trug sich Serena Williams mit einem Endspielsieg gegen ihre Schwester Venus als zweite und letzte Spielerin in die Siegerliste des Grand Slam Cup ein.

Die größten Skandale

Nach meinem mehr oder minder erfolgreichen Graf-Agassi-Coup ereilte mich der Ruf der »Bild«-Zentrale in Hamburg. Aus der Praktikantin wurde eine echte Redakteurin beim Axel-Springer-Verlag. Mein zentraler Aufgabenbereich umfasste aber leider nicht mehr Fußball, sondern eben Tennis. So gesehen, hatte sich das Warten auf André und Steffi dann doch gelohnt. Sie sehen, meine Karriere verlief meist nach dem Zufallsprinzip.

Ich wohnte bei einer österreichischen Professorin und ihrer Tochter zur Untermiete am Eppendorfer Baum in der Nähe des Klostersterns. Die hochherrschaftliche Altbauwohnung verfügte über einen Personaltrakt mit zwei Zimmern und Bad, in denen ich mich so gut es ging einrichtete.

Neben Tennis war ich auch zuständig für »bunten Sport«, von Bogenschießen bis Springreiten. Mein Tagesgeschäft hieß also erst einmal Sandra Völker, eine freundliche, aber distanzierte Schwimmerin, oder manchmal stand der Kaffeekönig Albert Darboven im Zentrum meines Interesses, wenn es mal wieder um Pferderennen ging. Das Hamburger Derby zählt immerhin zu den Großereignissen für die Elb-Society.

Sicher lief es nicht schlecht für mich, trotzdem litt ich unter der Einsamkeit im Norden, zumal es mir nicht leichtfiel, Freundschaften zu knüpfen. Das Problem war mir komplett neu, lag aber hauptsächlich an meinen Arbeitszeiten, denn ich redigierte abends immer noch die Fußballseiten. Das tat ich meistens freiwillig, Fußball interessierte mich nun einmal am meisten, aber so blieb ich doch fast täglich bis 21 Uhr im Verlag.

Außerdem berichtete ich über Radsport, und zwar unter anderem über die einmal im Jahr in Hamburg stattfindenden Cyclassics, ein international anerkanntes Radrennen. Dort begegnete ich Sven Froberg, einem Sat.1-Kollegen, der mir freundlicherweise sein In-Ear-Piece lieh, also seinen Ohrstöpsel, mit dem er die Live-Übertragung des Senders verfolgen konnte. Auf seine Frage: »Unsere Moderatorin Monica Lierhaus hat gerade Jan Ullrich im Studio. Brauchst du ihn für ein Zitat?«, bejahte ich begeistert und stopfte mir seinen Hörstöpsel ins Ohr, wofür ich sehr nah an ihn heranrücken musste. Sein Kameramann Bürger Engel lachte und filmte die Szene. Zwei Wochen später bekam ich eine E-Mail mit einem Foto – von ebenjenem Sat.1-Reporter und mir, wie ich mir sein Ear-Piece ins Ohr friemele. Dazu eine Telefonnummer.

Zu unserem ersten Date verabredeten wir uns in Berlin, wo Sat.1 in jenen Jahren seinen Hauptsitz hatte. Wir trafen uns beim noch unbekannten Szene-Italiener »Al Contadino Sotto le Stelle«. Mittlerweile haben dort schon Promis wie Tom Cruise, Quentin Tarantino und Brad Pitt gespeist, und vermutlich ist es nicht mehr so lauschig da wie früher.

Doch wir hatten noch nicht einmal die Vorspeise auf dem Teller, als das Handy klingelte. Die Redaktion war dran: Christoph Daums Haarprobe war positiv getestet worden. Und das, obwohl er diese Probe doch mit großem öffentlichem Brimborium eingereicht und gesagt hatte: »Ich tue das, weil ich ein absolut reines Gewissen habe.«

Diese Kokainaffäre sollte ebenso in die Annalen der Sportgeschichte eingehen wie Traps Wutrede. Daum, damals beinahe Bundestrainer, der Mann mit den flackernden Augen, ein Vorreiter seiner Zunft, sah sich mit Vorwürfen konfrontiert, er konsumiere Kokain. Ausgelöst hatte Bayern-Manager Uli Hoeneß den Skandal mit der Andeutung über »den verschnupften Daum«. Daum berief eine Pressekonferenz ein. Ich sah sie wie jeder normale Bürger nur in Ausschnitten im Fernsehen. Er bestritt, jemals Kokain konsumiert zu haben.

Und dann diese Bombe. Die Probe der Kopfhaare war wohl sogar tatsächlich negativ, aber in den Achselhaaren lässt sich der Stoff noch sehr lange nachweisen. »Bild«-Reporter Vim Vomland berichtete später, dass Daums Lebensgefährtin Angelika zu ihm den ungeheuerlichen Satz gesagt habe: »Der Test bei Christoph ist so, als hätte er eine Lkw-Ladung genommen.« Wieder gab Daum eine Pressekonferenz, diesmal musste er eine Kehrtwendung hinlegen, nun, es war wohl eher ein Fallrückzieher: »Ich gebe offen zu, dass ich mit Drogen in Kontakt gekommen bin.«

Daum floh nach Amerika, wo ihn Vomland schließlich nach wochenlanger Jagd aufspürte. Am 11. Januar kehrte Daum nach Deutschland zurück. Die Staatsanwaltschaft Koblenz erhob Anklage wegen Drogenbesitzes. Am 6. Mai erfolgten der Freispruch (in 51 Fällen) und eine Einstellung (12 Fälle) gegen eine Zahlung von 10 000 Euro für soziale Zwecke. Doch seinen Traum vom Amt des Bundestrainers musste er für immer ad acta legen.

Mein Date mit Sven verlief den gesamten Abend ziemlich bescheiden, ich saß den ganzen Abend alleine da, während Sven telefonierte. Wir kamen dennoch zusammen und können auf wunderbare gemeinsame sechs Jahre zurückblicken.

Einen anderen Bundesligaskandal erlebte ich noch in der »Bild«-Redaktion in München. Ende August 1999 stand ein ungewöhnliches Derby an, der FC Bayern gegen die SpVgg Unterhaching. Die Bayern waren ungewöhnlich schlecht gestartet, hatten die ersten beiden Bundesligaspiele nicht gewinnen können. Und mit Unterhaching wartete ein unbequemer Aufsteiger, der sich vorgenommen hatte, den großen Goliath zumindest zu ärgern. Die Nerven waren angespannt beim deutschen Rekordmeister.

Ich befand mich noch in der Redaktion, wollte gerade nach Hause gehen, als ein Leser anrief, der eine außergewöhnlich heftige Szene im nichtöffentlichen Training gefilmt haben wollte. Angeblich hatte Bixente Lizarazu seinem Mannschaftskollegen Lothar

Mattäus eine geknallt. Doch der Kollege, der Spätdienst schob, wollte erst einmal nichts von der Geschichte wissen. Das hätte ja vermutlich Arbeit bedeutet. Erst als der geneigte Leser sich nicht abschütteln ließ und die Zentrale anrief, kam Bewegung in die Sache.

Was war passiert?

Angeblich hatte sich Lizarazu beim Training geweigert, in den Kreis seiner Mitspieler zu gehen. »Darauf haben wir uns gegenseitig angeschrien. Es mag sein, dass es für Außenstehende ziemlich aggressiv ausgesehen hat. Dann ist der Trainer dazwischen: ›Jetzt geht in die Kabine und beruhigt euch, sprecht euch aus.‹ Nach fünf Minuten war alles vergessen«, sagte Matthäus später seinem Kumpel Blunzi. Die Variante von Lizarazu selbst hörte sich ganz anders an. Er erklärte dem »SZ-Magazin«: »Ich hatte genug davon, wie Lothar mit den Kollegen umging. Er war damals der große Star und sehr arrogant. Mich hat das genervt, und irgendwann war das Fass übergelaufen.«

Vermutlich liegt die Wahrheit irgendwo in der Mitte, für uns Reporter war das eine aufregende Zeit, in der der FC Bayern zum FC Hollywood mutierte. Nur acht Wochen später sollte der damalige Präsident Franz Beckenbauer seinen Starspieler Mario Basler wegen »wiederholter Verstöße gegen die Pflichten eines Spielers« suspendieren. »Es wurde ihm nahegelegt, sich umgehend einen anderen Verein zu suchen.« Basler war in einer Regensburger Pizzeria in eine Rauferei verwickelt gewesen.

Das Spiel gegen Unterhaching gewannen die Bayern dann aber doch 1:0, es handelte sich um einen mühsamen Arbeitssieg dank eines Treffers von Roque Santa Cruz. Über Roque hatte ich übrigens meinen ersten bundesweiten Artikel geschrieben. Als er als Siebzehnjähriger aus Asunción (Paraguay) kam, titelte die »Bild« über meiner Geschichte: »Roque da! Er kam mit Gitarre und Hängematte« …

Als ich bereits bei Sky arbeitete, geriet der zweite Münchner Verein, der TSV 1860 München, unvermittelt tief in den Dopingsumpf. Den Skandal verursachte der serbische Stürmer Nemanja Vučićević, wohl eine der kuriosesten Geschichten überhaupt im deutschen Fußball. Vučićević hatte nämlich schon sehr früh Haarausfall, worunter er wohl ziemlich litt. Er wollte wieder volles Haupthaar, wie seine Kollegen. Der Glatzkopf ließ sich also heimlich das Haarwuchsmittel Propecia verschreiben – ohne mit seinem Mannschaftsarzt Rücksprache zu halten. Eine Folge von Schüchternheit, er schämte sich eben fürchterlich, die nicht ohne Folgen blieb. Denn dieses Mittelchen enthält den Wirkstoff Finasterid – und der steht auf der Dopingliste. Kurz nachdem er das Haarwuchswunderzeug ausprobiert hatte, musste er zur Dopingprobe. Ich moderierte damals in Burghausen, als der positive Befund publik wurde. Die Mannschaft von Vučićević hatte gerade 2:0 bei Wacker Burghausen gewonnen. Ich brach mir beim Moderieren fast die Zunge bei all den neuen Begriffen und wusste nicht, ob ich lieber lachen oder weinen sollte. Der Sportler tat mir fürchterlich leid, aber ein bisschen Doofheit gehört schon auch dazu, einfach ein solches Mittel zu nehmen, ohne die möglichen Folgen zu überdenken.

Bei seiner Anhörung vor dem Sportgericht des Deutschen Fußball-Bundes sagte er: »Ich kann nicht sechs Monate ohne Fußball leben. Ich habe doch einfach nur an meine Haare gedacht und wollte keine leistungsfördernden Mittel einnehmen. Doping ist mir nicht in den Sinn gekommen.« Dumm gelaufen.

Vučićević wurde für ein halbes Jahr gesperrt, die Partie, nach der er positiv getestet wurde, musste wiederholt werden. Der Stürmer kam danach beim 1. FC Köln unter, kickte zuletzt in Tokio. Das Wiederholungsspiel gewann Burghausen mit 1:0. Die Löwen konnten ihre Aufstiegsambitionen begraben. Und ich lernte den Namen eines Haarwuchsmittels, das ich nie wieder vergessen sollte. Noch heute kann ich »Propecia« buchstabieren und musste den Wirkstoff Finasterid nicht googeln. Ehrlich!

Ein weiteres unvergessenes Highlight brachte das Nachholspiel des 14. Spieltags der Saison 2005/06. Der MSV Duisburg spielte gegen den 1. FC Köln. und beim Stand von 1:1 kurz vor Schluss ereignete sich eine Szene, die ich selbst in der Zeitlupe nicht glauben wollte. Ich traute meinen Augen kaum. An der Seitenlinie gerieten der Trainer des MSV, Norbert Meier, und der Kölner Spieler Albert Streit aneinander. Plötzlich schnellte Meier mit dem Kopf nach vorne, traf mit seiner Stirn Streit mitten ins Gesicht. Im Kopfball nennt man das eine »klassische Kopfnuss«. Doch anstatt sich zu entschuldigen, ließ sich Meier selbst danach theatralisch fallen, um von sich abzulenken – was anhand unserer TV-Bilder natürlich gründlich misslang.

So etwas hatte es noch nie gegeben in der Geschichte der Bundesliga. Ein Trainer, der einen Spieler derart rabiat angeht und sich dann auch noch als Opfer darstellt … Und Meier? Wollte zunächst leugnen, doch als wir ihn mit den Bildern konfrontierten, gab es nur noch sehr wenig Spielraum für Diskussionen.

Meier wurde für drei Monate gesperrt und zwei Tage nach dem Zwischenfall entlassen. Dass er mit Fortuna Düsseldorf Jahre später den Aufstieg schaffte, hat ihn vollends rehabilitiert. Ganz verwunden hat er die Geschichte allerdings nie. Ich darf Meier zitieren: »Ich war damals selber schockiert von mir. Wir hatten vorher nie etwas miteinander zu tun. Die Szene ist eine absolut lächerliche Geschichte. Ich habe sie noch lächerlicher gemacht. Ich bin der Ältere, ich bin der Coach, ich muss mich im Griff haben. Ich hatte nie etwas gegen Albert.«

Außerdem musste er sich direkt nach der Affäre eine neue Telefonnummer geben lassen. Zu viele meldeten sich bei ihm mit: »Hallo, hier ist Albert Streit« …

Der Zorn des Titanen

Nach eineinhalb Jahren in Hamburg in der »Bild«-Sportredaktion erreichte mich wieder der Ruf aus München. Eine Kollegin dort ging in Schwangerschaftsurlaub, und da auch »Bild«-Vize Alfred Draxler wusste, wie gerne ich zurück in meine bayerische Wahlheimat zurückwollte, versetzte mich der Springer-Verlag kurzerhand nach München. Und endlich durfte ich mich wieder um meinen geliebten Fußball kümmern! Nichts gegen Tennis, ich mag den weißen Sport wirklich sehr, aber meine Affinität zum Fußball ist eben gefühlt eine Million Mal größer!

Ich durfte auch als Bayern-Reporterin ran zu einer Zeit, als vor allem ein Mann immer im Mittelpunkt stand: Oliver Kahn. Die Bilanz seiner Karriere im Fußball, der einen Großteil von Kahns Leben beherrscht hat, ist beeindruckend: Europameister, Champions-League-Sieger, achtmal Deutscher Meister, sechsmal DFB-Pokalsieger, UEFA-Cup-Sieger, 86 Länderspiele und 557 Bundesligaspiele für Bayern München und den Karlsruher SC.

Er hatte im Sommer 2002 den Goldenen Ball erhalten und war damit als bester WM-Spieler gekürt worden, nachdem er die deutsche Nationalmannschaft bis ins Finale geführt hatte, wo sie am Ende Brasilien unterlag. Ein Jahr zuvor hatte Kahn mit dem Sieg im Champions-League-Finale auch noch im Elfmeterschießen gegen Valencia seinen größten Triumph gefeiert. Der »Titan« war geboren, ein Jahrhundertsportler. Ein Mann, den die Fans auf der ganzen Welt achteten, in Japan wurde er beinahe gottgleich verehrt, in Deutschland als Held gefeiert.

Jeden Morgen erschien Kahn mit seinem schnittigen Ferrari F40 auf dem Gelände des FC Bayern an der Säbener Straße. Mittlerweile steht dort ein modernes neues Gebäude mit Tiefgarage, so dass die Mitarbeiter unbemerkt aufs Trainingsgelände gelangen können. Damals aber war der Spieler-Parkplatz nicht einmal wirksam umzäunt, so dass immer wieder Kiebitze und Autogrammjäger auf die Spieler lauerten. Und wir Reporter natürlich.

Jeden Tag warteten wir, teilweise Stunden, auf ein paar Zitatbrocken aus dem Mund des Oliver Kahn, der immer mit einem Gucci-Kulturbeutel bewaffnet nach dem Training aus dem Spielertrakt kam.

Das Jahr 2002 muss für ihn eine Achterbahn gewesen sein. Einerseits die fantastische WM, die ihn in Asien gleichsam unsterblich machte. Andererseits seine privaten Probleme, die Ehekrise, die in die Öffentlichkeit geriet, und ein Diskothekenbesuch in Karlsruhe, der nicht ohne Folgen bleiben sollte.

Gemeinsam mit seinem Bruder war Kahn in der Diskothek »Cervo« gesichtet worden. Das allein wäre nicht der Rede wert, wenn Oliver Kahn zu dem Zeitpunkt nicht verletzt gewesen wäre – Muskelfaserriss oberhalb des rechten Knies. Und Diskobesuche taugen in den Augen der Mediziner nur sehr bedingt zur Reha. Die Verantwortlichen reagierten verärgert und verdonnerten ihn – so war es zumindest zu lesen – angeblich zu 50 000 Euro Geldstrafe.

Und dieser Abend im »Cervo« produzierte noch weitere Schlagzeilen. Am nächsten Tag titelte die »Bild« nämlich: »Sex-Anzeige gegen Kahns Bruder«. Was war geschehen in der Diskothek? Eine 21-jährige Studentin hatte Kahns Bruder Axel angezeigt, weil der sie in der Disko belästigt haben sollte. Von »Grabscherei« schrieben die Kollegen des »Spiegel«. Die Staatsanwaltschaft Karlsruhe bestätigte den Vorfall und auch Ermittlungen gegen Axel Kahn. Die Anzeige war wegen sexueller Belästigung, Beleidigung und Körperverletzung bei der Staatsanwaltschaft Karlsruhe eingereicht worden.

Dummerweise ereilte mich genau am Tag dieser Schlagzeile das Schicksal, dass ich als Bayern-Reporterin eingeteilt war. Und natürlich sollte ich Oliver Kahn nach seiner Sicht der Dinge befragen.

Mit einem linierten DIN-A5-Spiralblock bewaffnet, stand ich wieder einmal also auf dem Parkplatz und wartete auf den roten Ferrari F40 des Titanen. Zunächst hörte ich das dumpfe Röhren, mit dem das 400-PS-starke rote Ungetüm um die Ecke bog, dann sah ich darin einen vor Wut kochenden Kahn. Als er mich sah, verengten sich seine ohnehin kleinen Augen zu dünnen Schlitzen. Auf seinen Bruder angesprochen, zischte er: »Können Sie sich eigentlich noch in die Augen schauen? Können Sie überhaupt in den Spiegel sehen? Können Sie das?!?«

Ich versuchte, ihn zu beschwichtigen und ihm einen verwertbaren Kommentar zu entlocken, denn immerhin hatte die Staatsanwaltschaft ja die Anzeige bestätigt, doch er stapfte nur wortlos davon.

Seine Reaktion war durchaus verständlich, er fühlte sich natürlich auch verfolgt und war in dieser Nacht ja maximal Zeuge und nicht Beschuldigter, aber er zählte nun einmal zu den wichtigsten Persönlichkeiten der Nation in diesen Tagen, und er wusste auch, wie der Boulevard reagieren würde. Wäre er nicht dabei gewesen und hätte nicht auch noch eine so hohe Strafe zahlen müssen für den nächtlichen Ausflug, vielleicht wäre auch die Schlagzeile nicht so groß geraten. Aber ich hatte schon ein wenig Muffensausen, als mich der Zorn des Titanen traf.

»Ich muss mich entscheiden, ob ich diese wahnsinnige Verantwortung annehme, die die Öffentlichkeit mir aufgeladen hat, oder ob ich vor ihr flüchte. Es ist ein ungeheurer Druck, pausenlos als Überspieler gehandelt zu werden. Aber ich habe das jetzt angenommen. Das hat lange gedauert, bis ich dazu in der Lage war. Es ist schwer, sich seiner Position bewusst zu werden. Manche überhöhen sich, manche machen sich klein. Ich glaube, ich habe mich gefunden«, sagte er später.

Von der Anzeige gegen seinen Bruder war nie wieder etwas zu lesen. Vermutlich wurden die Ermittlungen eingestellt. Axel Kahn ist Inhaber einer Werbeagentur, Dozent bei der Hochschule Euro

Campus in Karlsruhe, Mannheim und Frankfurt und Prüfer bei der Industrie- und Handelskammer Karlsruhe.

Und Bruder Oliver ist nun selbst Teil des nimmermüden Medienzirkus – als Experte beim ZDF. Jüngst haben wir uns auf Schalke getroffen, ein kurzer Gruß, dann rief er »Maske? Weiß jemand, wo die Maske ist?« Das hätte er sich damals, 2002, sicher auch nicht träumen lassen.

Mein journalistisches Waterloo

Manchmal werde ich gefragt, was denn die schlimmste Panne sei, die mir je passiert ist. Oder der gruseligste Versprecher, so etwas wie »Schalke 05« von Carmen Thomas. Was sich da als prägender Alptraum für Moderatorinnen etabliert hat, hatte übrigens viel weniger Folgen als heute angenommen. Carmen Thomas hat noch sehr lange weiter moderiert, was viele gar nicht wissen. Und andere, allerdings männliche Moderatoren, haben aus dem FC Schalke 04 auch schon mal den »SV« Schalke 04 oder auch wahlweise Schalke 07 gemacht. Interessanterweise hat das niemanden interessiert …

Mein journalistisches Waterloo ereignete sich aber zum Glück nicht live im Fernsehen, sondern noch zu Zeiten, als ich bei der »Bild« arbeitete. Damals fühlte es sich an, als hätte ich die Betroffenen, das Blatt, mich in meiner journalistischen Ehre und alle Leser verraten. Spätestens von da an habe ich mich noch mehr bemüht, immer alles gewissenhaft auszurecherchieren.

Im April 2003 hatte eine gute Freundin zu ihrem 40. Geburtstag in ein italienisches Lokal eingeladen. Wir tranken Weißwein, aßen Pasta und erfreuten uns an spannenden Gesprächen. Die Journalistin war befreundet mit einer nahen Verwandten von Katja Zickler, der damaligen Ehefrau des Bayern-Stürmers Alexander Zickler. Auch die beiden sind mittlerweile geschieden, aber das haben Fußballer-Ehen wohl so an sich.

Und ausgerechnet diese enge Verwandte, eine Regisseurin irgendwo zwischen Tante und Cousine von Katja, genau weiß ich es nicht mehr, sagte ihre Teilnahme an der Geburtstagsfeier ab mit der Begründung, sie müsse ins Krankenhaus. »Katja muss notoperiert werden! Der Blinddarm! Ich kann leider nicht kommen, aber da hast du ja sicherlich Verständnis«, flötete sie meiner Freundin ins Telefon. Der Blinddarm also. Alles ganz schlimm. Weitere Informationen sollten folgen.

Das Geburtstagskind, selbst Journalistin, ermunterte mich noch, die Geschichte zu schreiben. Es klang auch alles sehr glaubhaft, wer lügt denn schon, wenn es um Krankheiten von Verwandten geht? Und so erzählte ich meinem Kollegen Blunzi am nächsten Tag davon. »Jo sichaaaa, dös is a Meldung«, rief er in seinem herrlichen Wiener Dialekt aus. »Pass auf, i ruf den Zickler noch an, dös passt scho!«

Ich war beruhigt. Blunzi war in der Spur und würde alles verifizieren. Im Laufe des Tages tippte ich also meine zwanzig Zeilen, die sogar bundesweit in Druck gehen würden.

»Katja Zickler – Not-OP!« hieß die Überschrift. Mein persönliches Blinddarm-Gefühl gestaltete sich allerdings nicht besonders gut, denn Blunzi konnte ihren Mann einfach nicht erreichen. Wir probierten es zigfach und beruhigten uns schließlich, indem wir uns sagten, dass im Krankenhaus ja Handyverbot herrsche und Herr Zickler mit Sicherheit bei seiner Frau sei. Na klar! So musste es wohl sein. Ehrlich gesagt, hätte ich die Meldung zurückziehen müssen, denn wir konnten nirgends einen weiteren »Zeugen« ausfindig machen. Wir wussten ja nicht mal, in welchem Krankenhaus sie liegen sollte, sonst hätte man dort nachfragen können. Irgendwann war es dann zu spät, und es gab keinen Weg zurück mehr. Die zwanzig Zeilen erschienen.

Au Backe! Am nächsten Morgen klingelte mein Mobiltelefon. Blunzi war dran und avisierte mir den Anruf von Frau Zickler, die »recht aufgeregt sei«. »Die wor net im Hospital«, lachte er. »Jetzt red halt mit ihr, die Kuh kriegst scho vom Eis.« Doch so leicht machte sie es mir nicht. Sie war wirklich aufgebracht und fragte mich – zu Recht! –, wie ich ihre gesamte Familie so in Angst und Schrecken habe versetzen können. Ich schämte mich fürchterlich und versuchte, mich hundertfach bei ihr zu entschuldigen. Da ich meine Quelle schützen wollte, gab ich meine Informantin, trotz ihrer wütenden Nachfrage, nicht preis. So konnte ich vermutlich den Familienfrieden retten, meine Reporterehre allerdings nicht. Frau Zickler sprach nie wieder mit mir, und ich habe eine Lehre aus der Geschichte gezogen: Lieber zweimal nachgefragt und damit eine Story »totrecherchiert« als eine komplette Falschmeldung fabriziert.

Teil drei:

Zittert das Mikro?

Das Casting

Eins muss ich einfach vorausschicken: Ich wollte nie vor die Kamera, kein Schmäh. Schon als Kind habe ich mich vor meinem Vater versteckt, wenn er fotografierte, und bis heute sehe ich mich nicht gerne. Mir geht es genauso wie Günter Jauch, der einmal sagte, er würde sich nie im Fernsehen anschauen. Ich kann das auch sehr schlecht, ich weiß, ich müsste es, aber ich hasse es. Doch im Februar 2004 sprach mich der damalige Sportchef von Premiere (heute Sky) bei einem gemeinsamen Abendessen darauf an, ob ich nicht Lust hätte, beim Casting dabei zu sein. Monica Lierhaus war gerade zur ARD gewechselt, und nach den positiven Erfahrungen mit ihr wollte der Sender wieder eine weibliche Fußballmoderatorin installieren. Da ich ja immer über die Bayern berichtete, unterstellte man mir möglicherweise sogar eine kleine Portion Fachkompetenz, trotz des journalistischen Waterloos mit Katja Zickler. Ehrlich gesagt, scheute ich mich vor dem Schritt. Ich war gerade vom Organisationskomitee der Fußballweltmeisterschaft wieder zur »Bild« zurückgekehrt und hatte mich auf eine Festanstellung beim Axel-Springer-Verlag eingestellt. Da wollte ich bleiben. Beim lokalen Organisationskomitee hatte ich als Referentin für Kunst und Kultur gearbeitet und den Fußball-Globus von André Heller auf den Weg gebracht. Doch nachdem mein Vizepräsident zurücktreten musste aufgrund zu vieler Beraterverträge, wurde unsere Abteilung aufgelöst, und ich ging zurück zur »Bild«. Reporterin, ja, das war ich gerne, und das wollte ich auch eigentlich bleiben – auf Lebenszeit. So etwas ist bei Springer ja bis heute dankenswerterweise noch möglich.

Weil ich so gar keine Vorstellung hatte, ob ich für den Job überhaupt geeignet sei, flog ich kurz entschlossen nach Berlin, um mich dort bei Deutschlands härtester Volontärstrainerin vorzustellen: Hillu Lex. Sie galt damals bei Sat.1 als »das Auge«, und wer ihren Segen bekam, vor die Kamera zu treten, der durfte davon ausgehen, zumindest nicht völlig talentfrei zu sein. Sie war der Garant dafür.

Hillu Lex' Urteil war mir sehr wichtig, denn ich konnte nicht einschätzen, ob ich jemals das Zeug zu einer Moderatorin haben würde. Bis heute bin ich davon nicht zu einhundert Prozent überzeugt, aber ich bin sicherlich eine gute Sportjournalistin geblieben. Einen halben Tag ließ mich Hillu Lex moderieren, Meldungen vortragen, und am Ende wurde mir sogar ein »echter« Interviewgast an die Seite gestellt. Es handelte sich um eine damals noch unbekannte blonde Berliner Schwimmerin namens Britta Steffen. Vier Jahre später sollte sie zweimal Gold in Peking gewinnen.

Beim Mittagessen im Italiener um die Ecke sagte Hillu Lex ganz trocken und schnörkellos: »Also, wir können das jetzt kurz zusammenfassen. Sie gehören vor die Kamera.«

Mit gemischten Gefühlen reiste ich zurück nach München und bereitete mich auf das Casting vor. Jetzt hatte ich ja plötzlich etwas zu verlieren. Jetzt hatte mich dann doch der Ehrgeiz gepackt. Jetzt wollte ich es schon schaffen. Mein Freund Sven, selbst Sportjournalist, unterstützte mich, wo er konnte. Wir kauften eine Videokamera, und ich übte jeden Abend. »Hallo und herzlich willkommen …« Ich besitze diese kleinen Videotapes immer noch, auf denen meine ersten Moderationsschritte aufgezeichnet sind. Aber keine Sorge, sie sind gut verborgen, in meinem »Giftschrank«, die zeige ich heute freiwillig keinem mehr. Ich kaufte mir einen schicken Hosenanzug in Tarngrün, meine Haare trug ich in einem lässigen Kurz-Bob. Aber ich fühlte mich überhaupt nicht lässig. Null Komma null. Mir ging, auf gut Deutsch, der Allerwerteste mächtig auf Grundeis.

Das Gute an einem Casting ist: Man weiß einfach nicht, was auf einen zukommt. Denn wenn ich es gewusst hätte, ich glaube, ich wäre vielleicht gar nicht hingegangen. Doch weil ich von Natur aus furchtbar neugierig bin, wollte ich einfach wissen, wie sich das anfühlt. Und ich kann nur sagen: Schauspielerinnen oder Models haben meine vollste Bewunderung. Andauernd zu Castings rennen, immer wieder der sofortigen Bewertung ausgesetzt? Puh, das hat ja was von Prüfungsstress wie im Abitur ... Dafür hätte ich nicht die Nerven.

Zunächst traf ich meine Konkurrenz. Elf andere Frauen und ein Mann, die genau den gleichen Job wollten, saßen in einem Raum. Dann wurden wir instruiert, wie unser Tag verlaufen sollte, wer wann drankommen würde. Man begegnete sich freundlich, aber natürlich auch distanziert. Alle Damen checkten sich gegenseitig ab. Na ja, das kennt man ja mittlerweile alles aus den diversen Castingshows.

Als ich in die Maske geführt wurde, fühlte ich mich völlig verloren. Was würde nun passieren? Zum ersten Mal pinselte mir eine völlig fremde Frau im Gesicht herum, sie hieß Paulina und war sehr nett. Sie erklärte mir, was sie da gerade machte, aber ich war viel zu nervös, um mich mit ihr so ganz locker nebenbei zu unterhalten.

Nach dem Mittagessen, bei dem ich keinen Bissen herunterbekam, ging es ins Studio. Noch nie hatte ich ein Fernsehstudio von innen gesehen! Und dann hieß es: »Jessica, noch zehn Sekunden, noch fünf, vier, drei, zwei, eins und bitte!« Innerlich zitternd versuchte ich, irgendwie meine Sicherheit zurückzugewinnen. So gut wie möglich trug ich die Anmoderationen vor, die ich vorbereitet hatte. Ich hatte das Gefühl, mir würde das Herz bis zum Kehlkopf schlagen. Als könne man mir ansehen, dass mir bestimmt gleich die Stimme wegbleiben würde. Interessanterweise tat sie das nicht.

Nachdem ich einige Spielberichte anmoderiert hatte, sollte ich zu einer Reporterschalte hinführen. Christian Sprenger stand irgendwo im Stadion, und als ich ihn ansprach, griff er sich nur hilflos ans

Ohr, um mir und dem Rest der Zuschauer zu bedeuten, dass er nichts hören könne. Die Schalte kam also aus technischen Gründen nicht zustande – eine Panne, die die Redaktion natürlich mit voller Absicht vorbereitet hatte, um unsere Fähigkeiten in Havarie-Situationen zu testen.

Ich fühlte mich, als würde mein Kopf in tausend Stücke zerbersten. Meine Synapsen tanzten Limbo, ich konnte keinen klaren Gedanken mehr fassen. Meine Nervosität spielte mir widerliche Streiche und ließ mich kaum noch einen geraden Satz zu Ende führen. Ich befand mich innerlich im freien Fall in ein schwarzes Loch und musste dennoch weitermachen. Ich habe keine Ahnung mehr, wie ich mich aus der Situation befreien konnte, ich bin frei von jeglichen Erinnerungen, aber ich hatte den Eindruck, dass mich danach nichts mehr umhauen könnte. Das Interview im Anschluss mit einem »Überraschungsgast«, der sich als Ralf Schumacher vorstellte, absolvierte ich schließlich seelenruhig. Schlimmer konnte es sowieso nicht mehr kommen. Dachte ich zumindest.

Bis heute erkenne ich sofort, ob ein Reporter nervös ist oder nicht. Manchmal leide ich so sehr mit, dass ich umschalten muss, dann überträgt sich die Nervosität direkt auf mich. Und ich war sicher nicht die Einzige, die am Anfang mit der Aufregung zu kämpfen hatte. Ein Kollege von mir war bei seinem ersten Aufsager für Sat.1 »ran« so nervös, dass sein Kumpel sich auf den Boden legte, für die Kamera nicht sichtbar, und sein Bein festhielt, damit sein Mikro nicht allzu sehr zitterte.

Das Gefühl des Lampenfiebers ist mir bis heute erhalten geblieben, aber damals schlug mir das Herz buchstäblich bis zum Hals, und ich hatte Angst, man könne es über das Mikro hören. Trotzdem war mir diese Nervosität wohl nicht so sehr anzumerken, wie ich befürchtete – eine Eigenschaft, die sich auch später als Vorteil erweisen sollte. Ich hatte keine Ahnung, wie ich mich geschlagen hatte, schon gar nicht im Vergleich mit den anderen. Immerhin waren es tolle Kolleginnen, die es auch alle verdient gehabt hätten. Ich musste zwei Wochen warten, bis endlich der damalige Sportchef von Premiere anrief. »Jessica, du hast den Job!« Ich hatte es geschafft! Damit hätte ich nie gerechnet. Aber manchmal macht man die Dinge vielleicht doch besser, als man denkt ... Diese Lektion kennen wohl viele Frauen, die eher dazu neigen, ihr Licht unter als auf den Scheffel zu stellen. Aber ganz egal, es hatte geklappt, und ich musste nun doch vor die Kamera. Es wurde dann doch der Beginn einer wunderbaren Freundschaft.

Trainer, ich hab mich in Sie verliebt

Allem Anfang wohnt ein Zauber inne, das wusste schon Hermann Hesse, und meine ersten Schritte bei Sky waren unglaublich aufregend für mich. Da ich mein erstes Spiel im sogenannten UI-Cup in Dortmund moderieren sollte, ließ mich der Sender ins Trainingslager des BVB fahren zur Vorbereitung.

Während ich hoch motiviert und überglücklich in meine erste Fernsehsaison ging, sah die Lage bei den Dortmundern deutlich anders aus. Finanziell angeschlagen, sportlich unter Druck und mit großen Personalsorgen: Das waren die Vorzeichen für die Spielzeit 2004/05. Trotzdem herrschte Aufbruchstimmung bei Schwarz-Gelb, so wie bei mir, und für die war vor allem der neue Trainer verantwortlich. Im Sommer 2004 hatte der Holländer Bert van Marwijk seine Arbeit als Trainer bei Borussia Dortmund aufgenommen, und auf seinen Schultern lastete nun die Hoffnung der Fans und der Verantwortlichen.

Van Marwijk galt als der neue Heilsbringer, der Schwiegervater des ehemaligen Bayern-Kapitäns Mark van Bommel hatte 2002 den UEFA-Cup mit Feyenoord Rotterdam gewonnen und im Finale ausgerechnet den BVB mit 3:2 bezwungen. Das hatten ihm die Dortmunder nicht vergessen. Und ebendieser van Marwijk sollte die Schwarz-Gelben nun zurück in die Erfolgsspur bringen, die die Vorsaison auf dem für BVB-Verhältnisse blamablen sechsten Tabellenplatz abgeschlossen hatten.

Zum Kader der ersten Van-Marwijk-Saison gehörten unter anderem Christian Wörns, Christoph Metzelder, Sebastian Kehl, Tomáš Rosický, Lars Ricken oder Jan Koller. Ich reiste nach Österreich, da der BVB sein Trainingslager im Sommer einmal mehr in Bad Waltersdorf in der Steiermark aufgeschlagen hatte, einem 2000-Seelen-

Ort zwischen Graz und Wien. Mein Herz pochte schon wie wild, wenn ich nur an meinen ersten Einsatz dachte: Dortmund gegen den KRC Genk im UI-Cup. Während des Trainingslagers, in dem ich sowohl die Verantwortlichen als auch einige Spieler kennenlernte, luden Präsident Gerd Niebaum und Manager Michael Meier gemeinsam mit Sportdirektor Michael »Susi« Zorc und Pressechef Josef Schneck zu einem Journalistenabend.

Solche Besuche im Trainingslager sind für Journalisten eine fantastische Gelegenheit für Hintergrundgespräche, vermutlich ist es die einzige Zeit im Jahr, in der sie in Ruhe und Abgeschiedenheit mit Spielern und Verantwortlichen sprechen können. Nicht zuletzt wurde bei den Bayern immer der »Geist vom Tegernsee« beschworen, doch inzwischen residiert der Rekordmeister meist im Nahen Osten. Ich traf die Bayern zufällig einmal in Dubai, wo sie im Winter-Trainingslager schwitzten. Noch weitere Reisen nach Asien oder in die USA sind mittlerweile auch normal, dort gibt es für die Vereine viel Geld zu verdienen.

Real Madrid zum Beispiel hielt unter José Mourinho sein Trainingslager immer in Los Angeles ab. Dazu gibt es eine wunderbare Geschichte, nämlich die des Mexikaners Abel Rodríguez, 41 Jahre alt, aus der Umgebung von Los Angeles, wo er bei der »Los Angeles Metro – Metropolitan Transportation« als Putzmann arbeitet. Der Ehemann und Vater dreier Töchter (17, 13, 10) opfert seit Jahren seinen zweiwöchigen Sommerurlaub, um im UCLA-Sportpark bis 23 Uhr zu »arbeiten« – er holt weggeschossene Bälle, dient den Blancos als eine Art Zeugwart. Den gesamten Tag über hilft er dort José Mourinho und Co., sich im Trainingszentrum bestens zurechtzufinden und wohl zu fühlen.

Sein größter Wunsch war es, einmal einen Clásico, also das spanische Gipfeltreffen zwischen Real Madrid und dem FC Barcelona, hautnah mitzuerleben. Europäischen Boden unter den Füßen hatte Rodríguez noch nie. Kurz entschlossen buchte er einen Flug nach

Madrid. Leider hatte der 41-Jährige weder Handynummer noch andere Kontaktdaten von Mourinho oder anderen Verantwortlichen. Am 28. Februar kam er in Madrid an. Einfach so – ohne Eintrittskarte, ohne Unterkunft. Direkt nach seiner Ankunft in Madrid machte er sich am Morgen auf den Weg nach Valdebebas zum Trainingsgelände von Real Madrid, doch die Security ließ ihn nicht hinein. Rodríguez setzte sich am Straßenrand auf den Boden und wartete. In der Nacht zuvor hatte es geschneit, es war sehr kalt. »Gott sei Dank habe ich einen dicken Mantel getragen. Meine Frau sagte mir, ich solle ihn mitnehmen. Meine Zehen haben jedoch gefroren«, so Rodríguez.

Nach fünf (!) Stunden kamen die ersten Limousinen aus der Einfahrt, in einem Wagen saß José Mourinho, am Steuer Reals Fitnesstrainer Rui Faria. Mourinho sah den Mexikaner, der ihm in L. A. so treue Dienste geleistet hatte, und rief: »Rui, halt den Wagen an!«

»Was willst du hier?«, fragte er Rodríguez.

»Ich wollte den Clásico sehen«, antwortete dieser.

»Aber es gibt doch keine Tickets mehr! Und wo wohnst du?«

»Darum habe ich mich nicht kümmern können«, murmelte der Mexikaner kleinlaut.

Mourinho machte seinem Ruf als »the Special One« alle Ehre, denn er lud ihn nicht nur ins edle Mannschaftshotel ein. Er organisierte auch Tickets für den Clásico. Nach dem 2:1-Sieg der Königlichen durfte Rodriguez dann sogar als Mannschaftsmaskottchen mit zum Rückspiel des Champions-League-Achtelfinals bei Manchester United. Vor der Partie ließ er die Spieler den Bauch des Mexikaners streicheln, das sollte Glück bringen.

Beim 2:1-Sieg des spanischen Rekordmeisters im Old Trafford Stadion traf er dann sogar noch auf Fußball-Legende Diego Maradona, ManU-Trainer Alex Ferguson und einige Stars von Manchester United. Wunscherfüller Mourinho über seinen Glücksbringer: »Jeder bei Real Madrid war glücklich, weil alle ihn vom Sommer her kannten und wussten, dass er hart arbeitet und eine tolle Person ist. Wir haben beide Spiele gewonnen! Viele haben gesagt, dass er bleiben muss!«

Ein echtes Fußball-Märchen wurde wahr …

Das konnte Europa auch behaupten 2004: Griechenland war mit Otto Rehhagel als Trainer gerade Europameister geworden, auch Österreich ächzte unter dem heißen Sommer, und ich stand tatsächlich kurz vor meiner ersten Moderation. Dass es ausgerechnet Borussia Dortmund war, hielt ich für ein gutes Omen, schließlich hatte ich sie auch bei der Deutschen Meisterschaft neun Jahre zuvor begleitet und erste Erfahrungen im Printgeschäft sammeln können. Und ich hatte das Westfalenstadion schließlich schon als kleines Kind das erste Mal von innen gesehen. Heimspiel!

An dem erwähnten Journalistenabend wurden österreichische Spezialitäten kredenzt und schöner Zweigelt ausgeschenkt. Ich aber hielt mich verkrampft an einer Apfelsaftschorle fest, da ich furchtbare Angst davor hatte, was man sich nach meinem Besuch über mich wohl erzählen würde. Mittlerweile habe ich mir da ein dickeres Fell zugelegt, doch damals haben mich solche Dinge noch sehr beschäftigt. Schließlich waren sämtliche Kollegen anwesend, alle relevanten Printmedien, natürlich »Bild« und »Kicker«, aber auch der WDR. Ich war die einzige Journalistin vor Ort, allerdings nicht die einzige Frau, denn es kam durchaus vor, dass Kollegen ihre Lebensgefährtin mit auf solche Reisen nahmen. Und so unterhielt ich mich an diesem denkwürdigen Abend mit Dr. Gerd Niebaum über die großen Jahre des BVB in den 90ern, mit Manager Michael Meier sprach ich über den neuen Trainer, der in der Mannschaft damals großen Anklang fand, vermutlich auch deswegen, weil das Team sich über seine neuen Trainingsmethoden freute. Sie bekamen wieder viel öfter den Ball zu Gesicht.

Doch Bert van Marwijk erntete noch mehr Zuspruch, nicht nur

vonseiten der Spieler, sondern – auch von den weiblichen Fans. Während der Abend damals voranschritt und sich die Weinflaschen und Biergläser im Akkord leerten, suchte der Kollege vom Fachmagazin »Kicker« das stille Örtchen auf. Als er wieder zur Gaststube zurückkehren wollte, hörte er Stimmen im Gang und linste um die Ecke. Er sah die Lebensgefährtin eines Journalistenkollegen und Bert van Marwijk. Sie standen sich im Gang gegenüber, sie blickte ihm tief in die Augen und gestand ihm offenherzig: »Trainer, ich hab mich in Sie verliebt!« Was hier vielleicht wie ein hilfloser Flirtversuch wirkt, kommt wirklich nicht oft vor. Vor allem Trainer sind in der Regel selten Objekt der Groupies. Dass sich die Damen den Spielern darbieten, gerade auch im Trainingslager, das wusste schon die Ehefrau des Weltmeisters Stefan Reuter, Birgit, die sagte: »Alle Frauen dürfen ins Hotel. Nur nicht die Spielerfrauen.« Obwohl Jürgen Klopp bestimmt auch einige eindeutige Avancen bekommt.

Van Marwijk, dem die Situation sichtlich unangenehm war, entgegnete, dass es ihm leidtue, aber dass er natürlich nichts machen könne. Der arme Mann, was für eine grauenvolle Situation! Da kommt er nach Deutschland zu einem der renommiertesten Vereine und muss sich als Erstes mit liebestollen Besucherinnen auseinandersetzen. Vielleicht schmeichelte es ihm auch, wer weiß … Die Kunde verbreitete sich sofort wie ein Lauffeuer, und noch zehn Jahre später müssen Michael Zorc, Josef Schneck und ich furchtbar lachen, wenn wir uns daran erinnern. Die Anekdote fand auch gerne mal zu mir zurück, ich sage dann immer: Mir braucht ihr sie nicht zu erzählen, ich war in dem Fall sogar live dabei …

Van Marwijk sollte immerhin bis zum 18. Dezember 2006 bei der Borussia Trainer bleiben, zweimal landete der BVB insgesamt auf dem siebten Tabellenplatz, konnte also sein Ergebnis unter ihm nicht verbessern, und folgerichtig wurde er dann Ende 2006 entlassen. Vermutlich hatte er einen der schwierigsten Job der vergangenen zehn Jahre beim BVB, denn er sagte ein paar Monate nach seinem Amtsantritt: »Als ich hierher kam, wusste ich, dass es einen Motorschaden gibt. Aber dass er so groß ist, wusste ich nicht.« Immerhin war zu dem Zeitpunkt kein deutscher Verein höher verschuldet als die Borussia. Der damalige Mehrheitsaktionär Florian Homm, Börsenspekulant und Gründer mehrerer Investmentunternehmen, wird mittlerweile per Haftbefehl von den USA gesucht und soll sich mit 150 Millionen Euro, um die er Anleger betrogen hat, nach Venezuela abgesetzt haben.

Van Marwijk sollte erst danach mehr Glück beschieden sein: Nach der Entlassung beim BVB arbeitete er von 2008 bis 2012 immerhin als »Bondscoach«, also als Nationaltrainer der Niederlande, und führte die Elftal 2010 bis ins WM-Finale, wo sein Team erst den Spaniern unterlag.

Dr. Gerd Niebaum trat ein Jahr nach dem beschriebenen Trainingslager in Bad Waltersdorf als Präsident zurück, und Michael Meier parallel von seinem Posten als Manager. Es sollte weitere sechs Jahre dauern, bis der BVB wieder eine Meisterschale präsentieren konnte.

Der gehörnte Printkollege hat übrigens für Jahre das Genre gewechselt. Die Ehe ist geschieden, und ich habe nie wieder etwas von ihm gehört.

Bundesliga-Debüt

Field-Reporterin bei Premiere. Willkommen in einer neuen Welt. Und wenn ich vorher gedacht hatte, ich hätte Ahnung von Fußball, so wurde ich nun eines Besseren belehrt.

Mein erstes Erstliga-Interview musste ich ausgerechnet mit Ewald Lienen führen, berüchtigt für seinen damals wenig charmanten Umgang mit Reportern. Hannover 96 spielte am ersten Spieltag der Saison 2004/05 bei Bayer Leverkusen. Zum ersten Mal saß ich auf dem Field-Reporter-Platz am Spielfeldrand, zum ersten Mal begrüßten mich die Offiziellen, die Fußballer, die Verantwortlichen, als sei ich schon tausend Jahre dabei. Ich versuchte vergebens, souverän zu bleiben. Mit Weltmeister und Sportdirektor Rudi Völler quatschte ich im Presseraum über seine großen Erfolge, über die Ziele von Bayer Leverkusen – und alles war ganz leicht. Es gab keine Barrieren, keine Ressentiments, keine Vorurteile. So langsam dämmerte mir, dass der Job möglicherweise richtig viel Spaß machen könnte …

Um 15.25 Uhr musste ich meinen ersten »Aufsager« machen, 50 Sekunden, ich schaffte es einigermaßen unfallfrei, aber etliche Haspler sollten mich noch lange begleiten. Im Spiel brachte Michael Tarnat das Lienen-Team in der 15. Minute zwar per Freistoß in Führung, doch dann drehten Bernd Schneider, der seit der Jugend den Spitznamen »Schnix« trug, weil man in seiner Heimat Jena von »schnicken« beim Straßenkick sprach, und der Brasilianer França die Partie zugunsten der Leverkusener. Im Hannoveraner Tor stand damals Robert Enke.

Leverkusen gewann also, und ich hätte gerne erst Klaus Augenthaler interviewt, den Coach der siegreichen Mannschaft, weil sich Siegerinterviews in der Regel immer einfacher gestalten. Doch manchmal hat man einfach keine Wahl.

Noch während des Spiels werden die Interviewpartner angefragt. Wir sind froh, wenn sie auch kommen, aber wir haben natürlich keinen Einfluss auf die Reihenfolge. Wer vor der Sponsorenwand steht, wird interviewt. Und wer zuerst kommt, mahlt zuerst. Plötzlich stand da also Ewald Lienen. Au Backe! Ausgerechnet Lienen. Ich wusste von meinem Moderationstraining, dass ich keine geschlossenen Fragen und keine »Wie«-Fragen stellen sollte, die heute leider bei vielen Kollegen sehr beliebt sind. Aber mir wurden sie um die Ohren gehauen. »Wie groß ist die Enttäuschung?«, oder »Wie sehr freuen Sie sich über den Sieg?«, galten als absolut unmöglich. »Wie bewerten Sie die Leistung Ihrer Mannschaft?«, traute ich mich zu fragen und kramte in meinem Hirn und auf meinem Zettel nach der Folgefrage. Ich freute mich über eine ganz normale Antwort, an Zuhören war aber noch nicht zu denken. Es dauert einige Zeit, bis man seinem Gehirn vertraut und sich sicher fühlt beim Zuhören und trotzdem die nächste Frage nicht vergisst. Ich hatte es aber dann nach zwei weiteren Nachfragen geschafft. Mein erstes Fernsehinterview in der Bundesliga war im Kasten. Juchuuu!

Ich habe sie nicht gezählt, aber mittlerweile müssen es weit über tausend gewesen sein. Und manche ereigneten sich auch unter ganz besonderen oder auch merkwürdigen Umständen, aber dazu später mehr.

Der Schlüssel zu einem guten Interview liegt meiner Ansicht nach darin, inwieweit man in der Lage ist, sein Gegenüber wirklich dort abzuholen, wo er gerade ist. Eine Frage der Empathie, der Auffassungsgabe und eine Frage des Interesses am anderen. Es ist wirklich nicht so leicht, wie es aussehen mag, einem Spieler direkt nach 90 Minuten das Mikro unter die Nase zu halten. Wir sprechen hier schließlich nicht von einer Garde rhetorisch jahrelang ausgebildeter Politiker, die einen Standpunkt haben, den sie sogar unbedingt loswerden wollen. Dutzende Talkshows können ein Lied davon singen. Wer aber gerade heftig einen auf die Mütze bekommen hat, gibt per se recht ungern Auskunft. Und der versteift sich dann gern auf ein Floskel-Festival. Und nicht immer kommen so herrliche Bonmots heraus wie von Lukas Podolski: »Wir dürfen jetzt nicht die Ärmel in den Sand stecken und müssen die Köpfe hochkrempeln!« Manchmal macht es selbst nach einem hohen Sieg nicht zu 100 Prozent Sinn, nach dem »Warum« zu fragen. Da zählt nur Auflockern:

Mit dem brasilianischen Abwehrspieler des FC Bayern Dante habe ich stattdessen einmal eine Tanzeinlage gewagt. Sein Deutsch ist mittlerweile sehr gut, aber mir hatte seine Tanzeinlage nach seinem ersten Tor für die Bayern so gut gefallen, dass ich ihn bat, mir die Bewegungen noch einmal zu zeigen. Überraschenderweise landeten wir wieder mal auf YouTube, manche fanden es albern, aber uns hat's wirklich Spaß gemacht.

Das Zauberwort lautet: Authentizität. Wer bei sich bleibt, wird auch von Zuschauer und Fans angenommen. Das gilt, denke ich, gleichermaßen für Reporter wie für Trainer oder Spieler. Warum sind Typen wie Jürgen Klopp oder auch Thomas Tuchel so beliebt? Weil man zumindest den Eindruck gewinnen kann, dass sie immer noch, trotz des Geschäfts, von einer entwaffnenden Ehrlichkeit sind. Beide scheinen auf Fragen wirklich zu antworten, was nicht selbstverständlich ist. Wie oft gehen Trainer bereits vor der Partie in sich und überlegen sich ein Statement, das sie dann äußern, ganz egal, was man von ihnen wissen will.

Von meiner Seite aus empfinde ich Respekt und Empathie als Grundvoraussetzungen für den Job. Ich gehe erst einmal davon aus, dass jeder Beteiligte die beste Leistung bringen wollte. Jens Lehmann, der ja eine tolle WM 2006 spielte, sagt dazu: »Die guten Spieler sind immer sehr selbstkritisch. Es sind eher die Schlechteren, die nicht reflektieren und immer sagen: ›Ich hab doch gut gespielt!‹ Ich wusste ganz genau, wie ich meine Leistung einzuschätzen hatte.« Und viele andere wissen das auch.

Das bedeutet keinesfalls, dass ich mich vor kritischen Fragen scheuen würde, im Gegenteil! Je näher man dran ist, umso kritischer wird man. Viele Reporterkollegen sind auch Fans, und Fans sind sowieso am allerkritischsten.

Wie hat Reporterlegende Hanns Joachim Friedrichs gesagt: Man soll sich mit keiner Sache gemeinmachen, auch nicht mit einer guten. Aber die Bundesliga ist wie eine kleine Familie und die Wahrscheinlichkeit, sich sogar mehr als zweimal zu begegnen, ist mehr als hoch. Wer sich länger halten will, sowohl vor als auch hinter der Kamera, sowohl als Trainer als auch als Spieler, sollte daran dann doch denken.

Hilfe, ich muss vor die Kamera!

Der Vorteil jugendlicher Naivität liegt sicherlich darin, dass man sich über die eigene Unfähigkeit noch gar nicht im Klaren ist. Oder anders ausgedrückt: Ich hatte keinen Schimmer, wie weit ich noch weg war von einer souveränen, echten Moderatorin. Ein Verwandter, der ernsthaft behauptet, dass Männer grundsätzlich intelligenter als Frauen seien (jaha, und die Erde ist eine Scheibe), sagt zum Beispiel gern: »Was der Jauch kann, das kann ich auch.«

Es sieht eben so leicht aus. Aber um es mit den Worten meiner Mutter zu sagen: Wer etwas locker aus dem Ärmel schütteln will, muss vorher eine Menge hineingetan haben. Sich über Moderatoren im TV aufzuregen ist eine Sache. Es wirklich besser zu machen eine ganz andere. Dennoch war ich damals davon überzeugt, ich hätte das Zeug dazu. Was für ein naiver Blödsinn! Sportmoderator ist ein Beruf. Und es dauert, bis man ihn erlernt.

Der Sender stellte mir einen Moderationscoach zur Seite. Michael Voppe, einst ein gefeierter Fernsehmann, sollte mich zu meinem ersten Auftritt hinführen. Von ihm lernte ich die wichtigste TV-Regel: Folge deinem Erstimpuls. In der Live-Berichterstattung besteht wenig Handlungsspielraum, da heißt es schnell reagieren, ganz egal, was passiert.

Ein Beispiel? Dieter Hoeneß, damals Wolfsburg-Manager, sah sich einmal gemeinsam mit mir einen Beitrag an. Das Gesehene gefiel ihm nicht, und so machte er sich noch vor dem anschließenden Interview aus dem Staub. Es hatte ihm offensichtlich nicht gepasst, was der Beitragmacher getextet hatte – und da verließ er einfach das Set.

So stand ich da: Ich hatte noch mehrere Minuten zu überbrücken –

ohne Gast. Worüber soll man denn da referieren? In solchen Situationen bleibt einem wirklich nichts anderes übrig, als der eigenen Intuition zu folgen.

Es ist noch nicht lange her, da hatte ich eine Schalte aus dem Studio ins Stadion nach Stuttgart, ein Europa-League-Spiel, und der Sportdirektor Fredi Bobic konnte mich nicht verstehen, mal wieder technische Probleme, was ja bei Liveschaltungen nicht selten vorkommt. Doch Bobic duckte sich plötzlich und rannte einfach weg. Ich war konsterniert, musste aber spontan lachen und erzählte eine Geschichte von Schalke-Manager Horst Heldt, der mich bei einer ebensolchen Situation – er im Stadion, ich im Studio – auch nicht verstanden, aber einfach rund eine Minute etwas draufloserzählt hatte. Heldt sagte: »Ich höre Sie nicht, also sage ich jetzt einfach mal, was ich denke, dass Sie und die Zuschauer wissen wollen.« Auch das war der richtige Erstimpuls. Dann wird Fernsehen richtig schön.

Nehmen Sie das berühmteste Beispiel der Fussball-TV-Geschichte: das »gefallene Tor« von Real Madrid. Denn damals fiel das erste Tor tatsächlich vor dem Anpfiff – und das Fußballspiel beinahe aus. Was passiert ist: Es war doch wirklich ausgerechnet der 1. April 1998. Vor Beginn des Halbfinals der Champions League zwischen dem BVB und Real Madrid hatten Fans den Zaun hinter dem Tor im Stadion Santiago Bernabéu eingerissen. Das Tor war an dem Zaun befestigt und stürzte prompt mit um. Ersatz gab es nicht. Ob und wann das Spiel trotzdem angepfiffen werden würde, war völlig offen. »Es war das absolute Chaos«, erinnerte sich TV-Reporter Marcel Reif bei »Sky Sport News HD« an den legendären Abend. Sowohl Marcel Reif als auch Günther Jauch, der zweite RTL-Reporter im Stadion, mussten improvisieren. »Wir haben uns gegenseitig hochgeschaukelt und Quatsch gemacht«, fasst Marcel Reif zusammen, wie die beiden Moderatoren die Lücke zu überspielen suchten. Für Sprüche wie: »Noch nie hätte ein Tor einem

Spiel so gut getan wie heute«, sollte das TV-Duo später sogar ausgezeichnet werden, unter anderem mit dem renommierten Grimme-Preis. Die beiden unterhielten 76 Minuten lang die Zuschauer. Die Partie wurde schließlich noch angepfiffen, kurz nach 22 Uhr wurde die Partie freigegeben. Ein Real-Vereinsmitglied hatte zuvor, eskortiert von der Polizei, ein Tor vom zwei Kilometer entfernten Trainingsgelände herbeischaffen lassen. Real gewann das Spiel übrigens 2:0. Aber wen interessierte wohl das Spiel an diesem Abend noch? Am Ende haben weniger Zuschaer die Partie verfolgt als den legendären Kommentar von Jauch und Reif … Der spanische Club immerhin hat etwas gelernt: Ersatztore hängen nun in den Katakomben des Stadions.

Ich denke, es ist kein Zufall, dass die Zuschauer der Sendung treu blieben, auch als klarwurde, dass das Spiel so bald nicht angepfiffen werden würde. Vermutlich hat es etwas damit zu tun, dass das Fernsehen in solchen Momenten den Rahmen des normal Erwartbaren verlässt und für einen kurzen Augenblick eine gewisse Anarchie Einzug hält. Da werden auch die Regisseure und die Redakteure zu Zuschauern.

Ich darf mich noch einmal auf Marcel Reif berufen, der einmal gesagt hat, er hoffe immer, dass etwas Besonderes passiert, wenn er ins Stadion fährt. Und genau darin liegt der Reiz. Kein Reporter weiß, was ihn während eines Spiels oder auch im Interview erwartet. Wenn man Glück hat, kann man es ein Stück weit antizipieren, aber unverhofft kommt bekanntlich oft!

Längst bin ich kein Neuling mehr im Fernsehen. Heute versuche ich, Fragen so zu stellen, dass mein Gegenüber auch wirklich etwas antworten kann. Wie oft geschieht es aber, dass Spieler nach der Zukunft eines Trainers gefragt werden und wie aus der Pistole geschossen antworten: »Das müssen Sie den Sportdirektor fragen.« Ja, klar! Wen denn sonst? … und warum hat der Moderator dann die Frage gestellt? Entlarvend, entlarvend.

Warum sollte ein Trainer, der schon hundert Mal auf seine Zukunft angesprochen wurde und sich dazu nicht äußern wollte, ausgerechnet seine Meinung ändern und sich outen? Ich vergleiche solche Situationen gerne mit Wasserstandsmeldungen. Und genau dabei sind Floskeln unvermeidbar.

Am besten ist es, wenn man als Moderator auf jemanden trifft, der Humor hat. Zum Beispiel wenn ein Coach ein bisschen Ironie versteht, dann können Interviews auch mal ganz anders laufen. Im Zuge der Diskussion, ob Jupp Heynckes nun seinen Vertrag bei den Bayern doch noch über die Saison 2012/13 hinweg verlängern werde, fragte ich ihn: »Was halten Sie von der Rente mit siebenundsechzig?« Schließlich war dies genau seine Altersgruppe. Er wusste sofort, worauf ich anspielte, doch statt einer persönlichen Auskunft bekam ich immerhin eine schlagfertige Antwort, dass »das sicherlich in einer immer älter werdenden Gesellschaft eine wichtige Entwicklung« sei.

Armin Veh ist auch ein Trainer, der mir mittlerweile als Interviewpartner viel Freude bereitet, allerdings aus wieder einem anderen Grund. Einmal habe ich ihn on air auf seinen Hund angesprochen, und mir war bei seiner Antwort, als drehten wir eine Sonderausgabe von Martin Rütters Hunde-Coaching-Doku: »Der Hundeprofi«. Armin Veh hat einen Flat Coated Retriever, den er »mein Schatz Jerry« nennt. Jupp Heynckes fragt mich übrigens auch immer ganz freundlich nach meiner Hündin »Anelka«, und ich erwidere: »Danke, gut, und wie geht es Ihrem Cando?« Er besitzt einen Schäferhund.

Manche Interviewpartner sind unberechenbar, andere lassen sich gut mitreißen, da entsteht dann über das »normale« Interview hinaus sogar ein wahrhaftiges Gespräch statt vorbereiteter Konversationsfloskeln. Was hilft ist, wenn die Chemie stimmt. Mirko Slomka zählt zu diesen mir besonders angenehmen Interviewgästen, er ist nicht nur freundlich, sondern auch entwaffnend ehrlich.

Aber ich war ja noch dabei, Ihnen von meiner Ausbildung zu berichten, von Michael Voppe und davon, dem »Erstimpuls« zu folgen. Ihm ging es immer darum, die verschiedenen Persönlichkeiten der Moderatoren herauszustellen und nicht alle wie gleichgeschaltete Duracell-Hasen zu behandeln. Nicht nur die Interviewgäste sind Menschen, sondern wir, die wir ihnen das Mikrofon unter die Nase halten, sind es schließlich auch. Ich habe mich daher nicht gewundert, dass mein Kollege Sebastian Hellmann den Deutschen Fernsehpreis Michael Voppe widmete. Auch ich bin Voppe sehr dankbar, denn er wusste genau, wie er mir helfen konnte. Gerade auch durch Kritik. Manchmal lief er durchs Studio und schnauzte: »Das war Mist!«, aber genauso geizte er nicht mit Lob. Er war derjenige, der mir in Interviews die Verklausulierung »man« verbat. Also lieber eine direkte Frage: »Hatten Sie den Eindruck, die Kontrolle verloren zu haben?«, statt: »Hat man da dann den Eindruck, man verliert die Kontrolle über das Spiel?« Leider wählte Michael Voppe im Alter von 50 Jahren den Freitod. Ich hätte gerne noch länger mit ihm gearbeitet als nur bis zu seinem Tod 2005.

Aber natürlich war er bei meiner ersten Moderation dabei, Sie erinnern sich noch: Borussia Dortmund gegen den KRC Genk im UI-Cup. Dortmund hatte das Hinspiel in Genk 1:0 gewonnen und trat am 24. Juli 2004 im heimischen Westfalenstadion an, die UEFA-Cup-Ambitionen zu untermauern. Natürlich war ich zu sehr von Lampenfieber geplagt, als dass ich den strahlenden Sonnenschein und die fantastische Atmosphäre in diesem beeindruckenden Fußballtempel hätte genießen können. Ständig murmelte ich meinen Text vor mich hin in dem vergeblichen Versuch, mich irgendwie in Sicherheit zu wiegen. Gleich bei meinem ersten Einsatz aber sollte es anders kommen als erhofft. Mein erster Interviewpartner vor einer Kamera war BVB-Vorstandsmitglied Stefan Reuter, eine leichtere Übung. Dummerweise aber ging das Spiel mit 1:2 verloren, was dazu führte, dass von einer entspannten

Gesprächsatmosphäre in der Folge keine Rede mehr sein konnte. Dortmunds Nationalspieler Sebastian Kehl war nach der Pleite vor 47 800 Zuschauern gegen den Vorjahresvierten aus Belgien »im Grunde sprachlos. Wir hatten uns so viel vorgenommen. Jetzt fangen wir wieder bei null an.«

»Wir haben einfach nur Scheiße gespielt. Anscheinend sind wir noch nicht so weit, international mitspielen zu können«, zog BVB-Kapitän Leonardo Dede eine vernichtende Bilanz in mein Mikro. Und für den neuen BVB-Chefcoach Bert van Marwijk war das Aus »eine Riesenenttäuschung«. Auch sonst ließ er kaum ein gutes Haar an seinem Team, das »in der ersten Halbzeit nahezu alles falsch gemacht hat, was man falsch machen konnte«.

Nun ja, Ähnliches galt sicher auch für mich, aber Premiere (heute: Sky) sei Dank durfte ich danach noch öfter auf Sendung. Auf was ich mich da eingelassen hatte, wurde mir aber erst nachträglich bewusst. Ich lag den nächsten Tag über mental völlig erschöpft im Bett. Immer wieder kreisten meine Gedanken um die Fehler, die ich gemacht hatte. Das gehört wohl leider irgendwie zu meinem Charakter. Inzwischen kenne ich das schon: Ich wache morgens um fünf Uhr auf und zermartere mir das Hirn auf der Suche nach allem, was nicht zu 100 Prozent korrekt war. Das konnte ich zu Beginn wahnsinnig gut. Heute nenne ich das »Hirnwichserei« und versuche, es so gut wie möglich abzustellen. Eine solche Selbstgeißelung hilft nicht wirklich weiter. Sich Kritik zu stellen ist wichtig, Fehler zu verbessern auch, aber sich selbst fertigzumachen ist sinnlos.

Wie oft habe ich mir noch Rat von Herrn Voppe gewünscht, zum Glück für mich haben mich andere unterstützt, genannt seien an dieser Stelle nur der damalige Premiere-Sportchef Carsten Schmidt und die damalige Doppelspitze mit Roman Steuer und Benno Neumüller.

Heute weiß ich: Ich hatte damals noch eine Menge zu lernen. Und das hört bekanntlich auch nie auf.

Da ist die Fahne und andere Aufreger!

Nach den ersten Moderationsschritten beim UI-Cup begann ich in der Bundesliga zunächst als Field-Reporterin. Zum Verständnis: Field-Reporter sind diejenigen, die nach dem Spiel am Feld die Interviews einholen und manchmal auch schon vor der Partie gebraucht werden. Es ging los mit 400 Euro brutto pro Einsatz. Oder anders ausgedrückt: Ich hatte mein Axel-Springer-Gehalt erst mal halbiert. Nach einem halben Jahr, inklusive des ersten gefürchteten Uli-Hoeneß-Interviews, konnte ich von einer sehr harten Entscheidung des damaligen Senderchefs Georg Kofler profitieren.

Kofler hatte einen Kollegen einfach aus der Moderation genommen, nachdem es zuvor Streitigkeiten mit Michael Ballack gegeben hatte und danach ein missglücktes Interview bei Hansa Rostock. Es war allerdings ausgerechnet der Kollege, der mich beim Casting betreut hatte, so dass ich meinen »Aufstieg« zur Zweitliga-Moderatorin zunächst gar nicht genießen konnte. Denn ich profitierte vom Aus eines Kollegen, der mittlerweile aber wieder für uns arbeitet.

Unser Zweitliga-Chef Carsten Cassing nahm mich unter seine Fittiche. Ohne seine wertvollen Tipps, wie ich mich auch innerhalb des Teams verhalten sollte, wäre ich vielleicht nicht dabeigeblieben. Ich war regelrecht eingeschüchtert damals. Dabei liebte ich den Fußball und meinen Job doch so sehr …

Ich glaube, ich war zu jung und mit diesem Job ein Stück weit überfordert. Da blieb mir wenig Kraft, auch einmal an die anderen zu denken, und das bereue ich aus heutiger Sicht sehr. Aber vielleicht bringt dieser Beruf eben eine gewisse Einsamkeit mit sich. Ich kann sie mittlerweile mit Demut und Dankbarkeit annehmen, froh darüber, dass ich tatsächlich mein Hobby zum Beruf gemacht habe. Wer hat schon dieses große Glück?

Gleichzeitig musste ich mich jede Woche einer harten redaktionellen Kritik stellen, die sicherlich absolut berechtigt war. Trotzdem war es für mich kein einfacher Lernprozess, nicht alles persönlich zu nehmen.

Im Stadion vergaß ich alle Zweifel an mir selbst und an meinen Leistungen. Gerade die 2. Liga hatte für mich immer etwas sehr Familiäres. Ich habe sie geliebt, vor allem die alten Stadien, durch die der Hauch der Tradition wehte. Der Bieberer Berg zum Beispiel in Offenbach. Oder der alte Tivoli in Aachen, wo der Spielergang so eng war, dass man kaum zu zweit nebeneinanderher gehen konnte. Und ich konnte mich auch der großen Freude nicht entziehen, als Aachen 2006 in die Bundesliga aufstieg. Dass man sich im Überschwang mit dem Stadion verkalkulierte und der Verein im Dezember 2012 Insolvenz anmelden musste, sei hier deshalb auch nur am Rande angemerkt.

Ich mochte die Mäzene, die sich ganz ihrem Verein verschrieben. Denken Sie nur an den Möbelmagnaten Finke, der beinahe den SC Paderborn in die Relegation zur Erstklassigkeit gebracht hätte. Oder die Unternehmer-Zwillinge Leonhardt, die sich mittlerweile ganz vom FC Erzgebirge Aue zurückgezogen haben. Oder der ehemalige Bochumer Präsident Werner Altegoer, der 2012 verstorben ist. Walter Hellmich, der dem MSV Duisburg immer wieder auf die Beine half, auch wenn er noch so tief in der sportlichen Krise steckte.

Auch Spiele im alten Rudolf-Harbig-Stadion in Dresden, das bereits in den zwanziger Jahren erbaut wurde, habe ich noch miterlebt. Einmal standen wir mit unserem mobilen Studio inmitten des sogenannten Sicherheitsblocks. Dynamo Dresden empfing Energie Cottbus, und von meiner Moderationsposition aus blickte ich links auf eine Hundertschaft schwerbewaffneter Polizisten – dahinter gewaltbereite Dresdener Fans – und rechts auf eine Hundertschaft schwer bewaffneter Polizisten und hinter ihnen ebenso gewaltbereite Cottbusser. Und wir mittendrin. Cottbus' damaliger Trainer Petrik Sander war kurz zuvor bei einem Spiel in Aue von einem Böller getroffen worden und hatte einen irreversiblen Hörschaden erlitten. Wir waren also gewarnt.

Trotzdem konnten wir uns der Gefahr kaum entziehen, auf unserem Posten zwischen den beiden verfeindeten Fanlagern. Ständig explodierten Knallkörper um uns herum, wurden Rauchbomben und Leuchtraketen gezündet. Gleich mehrfach stand das Spiel vor dem Abbruch.

Ich traute mich kaum aus dem Glaskasten heraus, wusste aber auch, dass er mir wenig Sicherheit bieten würde, wenn die Fans den Block ernsthaft einnehmen wollten. Immerhin stand da noch ein Haufen vermummter Polizisten, für deren Präsenz ich dann doch sehr dankbar war. Der Schiedsrichter musste in der 81. Minute das Spiel unterbrechen, nachdem aus dem Cottbusser Fanblock Leuchtraketen auf das Spielfeld geschossen worden waren. Daraufhin versuchten einige Dresden-Anhänger, das Spielfeld zu stürmen, wurden aber von den Ordnungskräften am Niederwalzen der Zäune gehindert.

Dem Energie-Keeper Tomislav Piplica gelang es, die Fans kurzzeitig zu beruhigen – der Schiedsrichter pfiff nach zwei Minuten, trotz der aufgeheizten Stimmung auf den Rängen, wieder an. »Ich habe gesagt, dass wir so einen Skandal nicht brauchen. So was gehört nicht auf den Fußballplatz«, sagte Piplica.

Unsere Aufnahmeleiterin wollte nach dem Spiel ihren Pflichten nachkommen und die Trainer zu den Interviews holen. Ich hielt sie zurück. »Hier ist die Hölle los«, mahnte ich, »da draußen herrscht Chaos! Bitte bleib hier!« Doch sie ließ sich nicht von ihrem Vorhaben abbringen und rauschte schnell durch die Polizisten in Richtung Spielfeld. Ich rannte hinterher und wurde von unserem Produktionsverantwortlichen zurückgehalten. Die Polizisten versuchten, die Fans im Zaum und hinterm Zaun zu halten. Minuten wurden zu Stunden, ich war in tiefer Sorge um unsere Mitarbeiter. Bange Augenblicke später erschienen die beiden Trainer zum Glück wohlbehalten zum Interview.

Trainer Petrik Sander zeigte überhaupt kein Verständnis, er litt ja auch noch unter seiner Ohrverletzung. »Das darf man nicht tolerieren.« Und Christoph Franke, der seit zehn Spielen sieglose Dynamo-Coach, pflichtete ihm bei. Mitten im Interview knallte plötzlich ein Böller direkt neben uns. Der Stift fiel mir vor Schreck aus der Hand. Sich während einer Live-Moderation zu bücken und einen Stift aufzuheben, das geht so gar nicht, aber ich war dermaßen von der Rolle, dass ich es doch tat. Ich schämte mich und prompt verhedderte ich mich, fand einfach kein Ende für den nächsten Satz.

Manchmal ist das einfach so: Bei Panik im Gehirn ist ein grammatischer Super-GAU nie auszuschließen! Es gibt Sätze, die bleiben eben unvollständig, da kann man machen, was man will. Klar, beim Fernsehen sollte man reden können, aber deshalb ist der Sprung vom Radio ins TV ja auch leichter als bei mir aus der schreibenden Zunft.

Dass das Spiel 1:1 ausging, erscheint mir auch noch erwähnenswert, ein Punkt, mit dem Energie besser leben konnte. Am Ende der Saison sollte Cottbus auf- und Dynamo Dresden absteigen. Zum Glück blieb ich auf meinem Posten, auch wenn es mir um Dynamo leidtat. Denn ich bin in Dresden in der Stadt immer sehr gut behandelt worden.

Einen ähnlichen Vorfall wie in Dresden erlebte ich drei Jahre später auch in Köln. Ich saß schon im Ü-Wagen, gleich sollte das Derby beginnen, der 1. FC Köln gegen Borussia Mönchengladbach.

Kurz vor dem Spiel hatten drei fünfzehnjährige Jungs von den Kölner Ultras, der sogenannten »Wilden Horde«, dem Gladbacher

Fanclub das Heimspielbanner geklaut. Ein Unding, denn die Gladbacher Ultras mussten sich danach laut eigener Statuten auflösen. Für die Kölner ein riesiger Triumph. Aber man fragt sich schon, woher all diese kriminelle Energie kommt.

Die Gladbacher wussten bis kurz vor dem Anpfiff nicht, wo ihr Banner eigentlich abgeblieben war, eine Tatsache, die bereits im Vorfeld zu Ausschreitungen zwischen FC-Anhängern und Gladbacher Fans geführt hatte. Dann aber konnten die Kölner Fans wenige Minuten vor Abpfiff ihren Besitzerstolz nicht mehr unterdrücken und präsentierten das Gladbacher Banner. Kein Wunder bei dem Spielstand: Gladbach führte mit 1:0, und es konnte die Mannschaft nur verunsichern, wenn auf den Rängen die Post abging. Prompt wurde das Wahrzeichen der Gladbacher im Kölner Block auch noch zerrissen, was das Gladbacher Blut endgültig in Wallung brachte.

Im Gästeblock wurde Feuer entfacht, Feuerwerkskörper flogen auf das Spielfeld. Der Schiedsrichter unterbrach die Partie, Gladbachs Führungsspieler Sascha Rösler stieg auf den Zaun und versuchte, die Anhängerschar zu beruhigen.

Bei uns auf dem Ü-Wagen herrschte inzwischen Alarmstufe. Der Regisseur brüllte: »Achtung! Die Fahne!« Wir starrten mit großen Augen auf das Spielfeld, auf dem Leuchtkörper landeten. Dann rief der Kommentator Wolff-Christoph Fuss, mit dem ich das Spiel moderierte, auf einmal aus: »Freunde, da ist die Fahne!« Der DSF-Kommentator Markus Höhner sagte im Nachhinein: »Die zweite Liga als Irrenhaus. Idiotie kennt keine Grenzen.«

Was für ein Tag: Der Schiedsrichter Thorsten Kienhöfer gab nach dem Fahnen-Tohuwabohu auch noch einen umstrittenen Elfmeter für Köln, Patrick Helmes verwandelte, Endstand 1:1. Was für ein Fiasko. Doch es sollte noch Jahre dauern, bis man ernsthaft gegen die »Wilde Horde« vorging: Vier Jahre später wurden dem Fanclub von Vereinsseite alle Privilegien gestrichen, nachdem einige

Mitglieder bei einem brutalen und überaus gefährlichen Hooligan-Überfall auf einen Gladbacher Fanbus beteiligt waren.

Mir persönlich ist in keinem Stadion je Gewalt widerfahren, doch ich hasse es, wenn Fans die Freude über das Fußballspiel nutzen, um ihre Parolen an den Mann zu bringen. Ich wünsche mir 100 Prozent Spiel und 0 Prozent Gewalt. Auch wenn das wohl ein frommer Wunsch bleiben wird.

Erster Knockout in Burghausen

Obwohl es in Dresden zwar lautstark und auch teilweise brutal zuging, kam es für mich im beschaulichen Burghausen zu einer viel schmerzhafteren Begebenheit. Der kleine Ort mit rund 20 000 Einwohnern liegt im Landkreis Altötting, direkt an der österreichischen Grenze. Der Verein Wacker Burghausen war 2001 in die 2. Liga aufgestiegen, wo er immerhin sechs Jahre bleiben sollte. Rund eineinhalb Stunden dauert die Fahrt von München nach Burghausen, und als dazu eingeteilte Field-Reporterin nahm ich die Fahrt auf mich, denn am 18. März 2005, einem Freitag, empfing Burghausen den LR Ahlen. Der Abend barg schon von daher einen gewissen Charme, als gleich zu Beginn der Übertragung der Strom ausfiel. Allerdings blieb wie durch ein Wunder ausgerechnet unser Übertragungswagen vom Blackout verschont. Beim Bundesliga-Auftaktspiel fünf Monate später sollte die »Muffe Carola« für Aufsehen sorgen, die das komplette Weserstadion in Dunkelheit tauchte. Vier Minuten vor Beginn der Partie zwischen Bremen und Schalke fiel rund ums Stadion wegen einer defekten Kabelverbindung der Strom aus, und der Liga-Aufgalopp konnte erst mit über einstündiger Verspätung angepfiffen werden.

Doch so weit ging es bei uns nicht. Wir befanden uns in einer Havarie-Situation, die Kollegen traf es aber schlimmer als uns. Neben mir auf der Pressetribüne kommentierte der Kollege des Deutschen Sportfernsehens abwechselnd über Telefon und schrie zu uns rüber: »Warum habt ihr Strom und wir nicht, was für eine Unverschämtheit!«

Doch nach etwa 20 Minuten war auch er wieder am Netz. So weit, so normal. Gegen Ende der Partie begab ich mich wie immer an den Spielfeldrand und wartete auf den Abpfiff, um meine Fragen an den Spieler zu bringen. Lange hatte es 0:0 gestanden, ich erinnere mich an ein grauenhaft langweiliges Spiel, die Einzelheiten sind mir entfallen, wen wundert's. Nur so viel: Drei Minuten vor Abpfiff erzielte ein gewisser Ronald Schmidt das 1:0 für Wacker Burghausen.

Ich tauschte mich per Mikro mit dem Redakteur auf dem Übertragungswagen aus, darüber, welche Gesprächspartner wir zum Interview bitten wollten. Ich hatte mich gerade leicht vom Spielfeld weggedreht, als das Schicksal seinen Lauf nahm. Ich habe das Geschoss nicht kommen sehen. Urplötzlich traf mich ein Ball mit vollem Karacho an der Schläfe. Der Verursacher: Bernd Maier, der Torwart von Ahlen. Er hatte einen Abschlag knapp oberhalb der Mittellinie ins Aus gedroschen – der mich direkt umgehauen hatte. Mein Kopf wurde zur Seite gerissen, ich taumelte, ging zu Boden. Leider ist Maier vor kurzem im Alter von gerade einmal 40 Jahren an einem Herzinfarkt gestorben.

Obwohl ich genügend Sternchen sah, um mir vor dem geistigen Auge ein neues Weltall zu formen, gelangen mir noch ein paar Interviews. Und danach wollte ich eigentlich nur noch nach Hause fahren. Erschrocken sah mich der Aufnahmeleiter Hans Kayser an und sagte: »Um Himmels willen, du bist ja leichenblass, was ist denn passiert?« Ich konnte nicht mehr richtig sprechen, und auch nicht mehr klar denken.

Er brachte mich zum Krankenwagen, wofür ich ihm ewig dankbar bin. Denn als ich mich auf der Liege ausstreckte und in das grelle Licht der Neonlampe über mir blickte, da drückte eine höhere Macht den Stand-by-Knopf. Ich wurde zum ersten Mal in meinem Leben ohnmächtig.

Ich erwachte schließlich im Kreiskrankenhaus Altötting. Die Ärzte schoben mich in den Röntgenapparat und machten ein CT. Die Diagnose lautete: Schädelprellung, leichte Gehirnerschütterung und Schleudertrauma. Mir war das alles vollkommen egal. Irgend-

wie vor mich hin brabbelnd, ertrug ich die Aufnahme der Persona-
lien, mir brummte der Schädel, und ich wollte nur noch ab in den
Dämmerzustand.

Allerdings wurde mir keine wirkliche Ruhe gewährt. Denn immer
zur vollen Stunde erschien die wunderbare Schwester Maria, um
mir mit einer Taschenlampe in die Pupillen zu leuchten, um et-
waige Hirnblutungen rechtzeitig zu bemerken. Sehr aufmerksam von Schwester Maria, aber natürlich auch ein wenig nervig.
Spätestens seit der Erkrankung von Monica Lierhaus weiß ich aber
natürlich, wie wichtig das war.

Mein Freund Sven machte sich furchtbare Sorgen und kam noch
mitten in der Nacht aus München nach Altötting. Und auch wenn
die Ärzte mich unbedingt noch einen Tag dabehalten wollten, ent-
ließ ich mich kurzerhand am nächsten Morgen selbst. Mein Kopf
war gefühlt wieder auf Normalmaß geschrumpft, aus dem lauten
Brummen war ein überschaubarer leichter Schmerz geworden, der
Nacken spannte noch ein wenig, aber ich hatte schließlich eine Mission – war ich doch als Field-Reporterin für das Spiel Nürnberg
gegen Bremen eingeteilt. Und den Job wollte ich unbedingt machen, in Anbetracht meiner finanziellen Lage auch kein Wunder.
Beim Gespräch mit Nürnbergs Trainer Wolfgang Wolf hatte ich
noch ein paar sprachliche Aussetzer, aber da dieser ein sympathi-
scher und geradliniger Typ ist, ließ er mich nicht wirklich auflaufen.

Das Erstaunliche ist: Dieser Kopfball aus Burghausen war deutlich
schmerzhafter als die beiden anderen, die mich noch treffen sollten,
hat aber für viel weniger Wirbel gesorgt. Das liegt natürlich auch
an der Macht der Bilder – denn dieser Zwischenfall wurde von keiner Kamera registriert. Anders dann beim zweiten »Kopfball«, der
mich am 7. August 2008 erwischte. Der 1. FC Köln mit seinem
Trainer Christoph Daum (ja, er hatte es zurück in den deutschen
Fußball geschafft) gastierte in meiner Heimatstadt Pirmasens. Im

Sportpark Husterhöhe spielte der SV Niederauerbach gegen die Kölner, die Sonne brannte vom Himmel, und ich führte mein Interview mit Christoph Daum. Während wir uns einen Bericht ansahen über die Vorbereitung seines Clubs und im Set auf die Monitore starrten, machte es wieder rums! Und wieder hatte ich einen Ball an den Kopf bekommen. Ich habe in diesem Fall keine Ahnung, wer der Schütze war, ich habe auch keine nennenswerten Folgen davongetragen, mein Dachschaden darf dennoch auf jeden Fall als chronisch bezeichnet werden, allzu viel lässt sich da nicht mehr machen ... Der FC gewann übrigens standesgemäß mit 5:1.

Mein Sommermärchen

Wenn ich in den Rückspiegel meines Lebens schaue, stelle ich mir manchmal die Frage: Was war bislang das schönste Ereignis meiner beruflichen Laufbahn? Es sind mittlerweile immerhin zwanzig Jahre Sportjournalismus, auf die ich zurückblicken kann, die mich von Finnland bis nach Amerika brachten, in denen ich wunderbare Menschen kennenlernen und herrliche emotionale Momente erleben durfte. Positive wie auch negative. Die Antwort fällt mir dennoch leicht: Niemals wieder ist mir etwas widerfahren wie bei der Fußball-Weltmeisterschaft 2006 im eigenen Land. Wann hat es das je wieder gegeben, dass sich die Deutschen so nah waren, dass einen Monat nur die Sonne schien und dass sich das Motto einer WM, »Die Welt zu Gast bei Freunden«, voll erfüllte. Und ich glaube, dass etwas Größeres in meinem Beruf auch nicht möglich ist. Diese Wochen, in denen niemand mehr von Hartz IV sprach, sondern vom Halbfinale. Diese Wochen, in denen Deutschland ein neues, ein freundlicheres Gesicht zeigte. Diese Wochen, in denen Angela Merkel unbemerkt die Mehrwertsteuer erhöhen konnte (sie hätte auch Liechtenstein den Krieg erklären können, es wäre niemandem aufgefallen) – sollten die besten meines beruflichen Lebens werden.

Mein Kollege Frank Dammann war Projektleiter für die WM und hatte mich bereits im Vorfeld gefragt, ob ich mir vorstellen könne, eine abendliche Gesprächsrunde aus der »adidas world of football« direkt hinter dem Reichstag zu moderieren. Ich zögerte keine Sekunde, denn das war mein absoluter Traum. Ein Fußballtalk zur WM von der besten Location der Stadt mit Blick auf das Wahrzeichen der deutschen Demokratie, mit fantastischen Gästen und direkt nach den Spielen – mehr geht einfach nicht.

Die Sendung hieß »Talk & Tore«, und in Österreich läuft sie heute noch. Ich teilte mir das Format mit dem österreichischen Kollegen Christian Nehiba, denn die komplette WM-Übertragung war eine deutsch-österreichische Gemeinschaftsproduktion.

Wir begannen mit unserer Live-Sendung immer nach dem Abendspiel, meistens gegen 23.15 Uhr. Zu Gast – zwei Experten, ein Journalist. So wie Sie es vielleicht heute auch von »Sky90« mit Patrick Wasserziehr kennen. In der ersten »Show«, ich werde sie nie vergessen, saßen Ottmar Hitzfeld, Dieter Hoeneß und Schiedsrichter Lutz-Michael Fröhlich. Ein toller Abend, jedenfalls in meinen Augen, und es war gar nicht so selbstverständlich, dass eine neue Sendung mit so hochkarätigen Gästen aufwarten konnte. Ein Dank ans Team, das sich im Vorfeld bestimmt die Finger wund gewählt hat. Deutschland hatte das Eröffnungsspiel gegen Costa Rica mit 4:2 gewonnen, und bis heute habe ich Marcel Reifs Stimme im Ohr, der Lahms »Eröffnungstreffer« mit den Worten »Lahm! Was für ein wunderschönes Tor« kommentierte, wobei er die Silben bewusst sehr kurz hielt, und so blieb dieser Satz trotz seiner Einfachheit unverwechselbar. Ich zählte aber ohnehin schon immer zu den größten Marcel-Reif-Fans, nicht nur, weil er quasi aus Kaiserslautern stammt, sondern weil er es schafft, eigene Bilder mit seinem Kommentar zu kreieren, parallel zu den Fernsehbildern. Außerdem kenne ich wenige Menschen, die so gebildet sind. Und ich bewundere seine Frau, eine bildschöne Universitätsprofessorin, Prof. Dr. Marion Kiechle, Direktorin der Frauenklinik am Klinikum rechts der Isar.

Sky-Moderator Heiko Mallwitz war unser Nationalmannschaftsreporter und stand sich tagtäglich vor dem Schlosshotel im Grunewald, dem Quartier der deutschen Mannschaft, die Beine in den Bauch. Ganz egal, wie lange seine Reporterschalte dauerte, sie begann immer mit den Worten in schönem Berlinerisch: »Ick bejrüße Sie hier vor dem Schlosshotel im Jrunewald ...«

Dank unserer Traum-Location mitten im Zentrum des WM-Geschehens in Berlin, direkt vor dem Reichstag, und auch dank des guten Rufs, den sich die Sendung schnell erarbeitet hatte, saßen wir auch nie alleine da. Insgesamt schleusten wir achtundachtzig Gäste durch die Sendung, mit denen wir danach gerne noch an der Bar ein Bierchen tranken.

Einen Tag vor dem 1:0-Sieg der deutschen Nationalmannschaft gegen Polen in Dortmund durfte ich zum Beispiel Peter Neururer in der Sendung begrüßen. Er war auch live sehr unterhaltsam, aber so richtig in Fahrt kam er danach beim After-Show-Pils. »Den Odonkor brauchse doch allenfalls zum Fangen-Spielen«, sagte er beispielsweise schmunzelnd. Oder: »Ich würde mich nie fotografieren lassen auf der Treppe. Weißte ja gleich, was die schreiben, wenns mal nicht so läuft.«

Dass Odonkor einen Tag später das Siegtor gegen Polen erzielen sollte, das konnte ja nun wirklich keiner ahnen. Aber ganz ehrlich: Ich mag Peter Neururer wirklich. Ein irre guter Typ. Freche Schnauze, aber immer ehrlich und mit dem Herz am rechten Fleck. Ich freue mich sehr, dass er es nach seinem Herzinfarkt wieder zurück in den Profifußball geschafft hat und das auch noch beim VfL Bochum, seinem Verein. In Peter Neururer spürt man das Ruhrgebiet, und das steckt mir ja auch im Blut.

Zum Achtelfinale durfte ich als Field-Reporterin ins Olympiastadion zur Partie Deutschland gegen Schweden. Das Stadion ein Meer von Flaggen, 30 Grad und Sonnenschein, dazu noch ein Sieg der Deutschen Mannschaft, 2:0, gleich zwei Podolski-Treffer. Dazu ein Interview, das ich nie vergessen werde. Ach so, wie ich bereits erwähnt habe: Ich bin Fußballfan und kein Fußballerfan. Manchmal kann man seine weibliche Seite aber nicht ganz ausschalten, das war mir aber bislang nur bei David Beckham nicht gelungen. An dem Abend kam noch ein zweiter Fußballer hinzu. Mir blieb beinahe der Atem stehen, als Freddie Ljungberg vom FC Arsenal zu mir ins TV-Studio gebracht wurde. Ja, sicher, Ljungberg wurde 2006 zum Spieler des Jahres in Schweden gewählt, er konnte wirklich gut kicken. Der deutschen Weiblichkeit war er aber viel präsenter als Unterwäschemodel für Calvin Klein. An den genauen Inhalt der Fragen und Antworten kann ich mich nicht erinnern, wohl aber daran, wie er andauernd sein Trikot lüftete, um sich an seinem Waschbrettbauch zu kratzen. Nach dem komplett verhaspelten Interview und als Ljungberg das Studio verlassen hatte, jubelte ich in die Kamera: »Ich grüße alle meine Schulfreundinnen ...«

Der alberne Ausflug sollte sich rächen: In unserem großen WM-Abschlussfilm wurden keineswegs meine journalistischen Höhepunkte aus dreißig Stunden WM-Talk gezeigt – nein! Stattdessen eine dümmlich grinsende Jessica, die »alle ihre Schulfreundinnen« grüßt. Wohl dem, der in der Redaktion solche Freunde hat ...

Der Sommer zeigte sich in diesem Juli von seiner besten Seite, und die vielen Touristen aus aller Herren Länder in Berlin konnten gar nicht glauben, dass sie sich wirklich in Deutschland befanden. Sonne, Herzlichkeit und sogar gutes Essen – das hatte man uns nun wirklich nicht zugetraut.

Unser Fernsehstudio vor dem Reichstag hatte auch einen Balkon, von dem aus wir an besonders heißen Tagen sendeten. Als wir das erste Mal draußen saßen, trug ich ein zitronengelbes Sommerkleid – und bekam buchstäblich ein tierisches Problem. Denn rund um den Reichstag lebten Millionen von kleinen fliegenden Käfern, circa drei Millimeter groß und pechschwarz. Nach einer halben Stunde saßen circa hundert davon auf meinem Kleid und dachten, sie wären in einem Rapsfeld gelandet.

Die TV-Crew konnte kaum noch an sich halten vor Lachen, und ich hatte heiße Ohren, so peinlich war mir dieser tierische Befall. Das Kleid hängt noch heute in meinem Keller, aber gelb habe ich im Freien nie wieder bei einer Sendung angezogen. Den Gästen ist es Gott sei Dank nicht so aufgefallen – die wurden ja auch verschont, nachdem alle Tierchen mich als Landeplatz ausgesucht hatten.

Am 30. Juni traf Deutschland im Viertelfinale auf Argentinien. Das Spiel, das nichts an Dramatik vermissen ließ, ging in die Verlängerung. Nach 120 Minuten stand es 1:1, die Partie musste im Elfmeterschießen entschieden werden. »Ich hatte mir vorher schon Notizen gemacht von den argentinischen Schützen«, berichtete Torhüter Jens Lehmann. »Und als es dann so weit war, habe ich meinen Zettel herausgeholt.«

Lehmann parierte zwei Elfmeter der Argentinier und hielt, als habe er in seinem ganzen Leben nie etwas anderes gemacht. Deutschland erreichte das Halbfinale, und Lehmann unterstrich, dass seine Nominierung als Nummer eins für das Turnier die richtige Entscheidung gewesen war. Unvergessen die Szene vor dem Elfmeterschießen, als Oliver Kahn ihm über den Kopf strich. »Oliver war auch der Erste, mit dem ich dann in der Kabine war. Wir haben aber nicht viel gesprochen. Den Zettel wollte ich eigentlich wegwerfen«, so Lehmann, »aber ich dachte, vielleicht wollen ihn ja meine Enkelkinder einmal sehen.« Der Zettel wurde dann zu einem guten Zweck versteigert. Ein Energieunternehmen zahlte eine Million Euro.

Der Abend hatte aber auch noch andere Folgen und gipfelte am nächsten Tag in einer legendären »Talk und Tore«-Sendung. Unvergessen der Auftritt des damaligen DFB-Präsidenten Gerhard Mayer-Vorfelder (der gemeinsam mit Dr. Theo Zwanziger damals als Doppelspitze fungierte) kurz nach der Prügelattacke von Torsten Frings im Viertelfinale. Wir waren angehalten, auf keinen Fall Bilder des Vorfalls zu zeigen, obwohl sie auf Sky Italia längst liefen. Denn Frings sollte ja aufgrund des Videomaterials gesperrt werden, was dann auch erstmals in der WM-Geschichte geschah. Mayer-Vorfelder wusste bereits, dass Frings einer Sperre nicht entgehen würde, durfte aber offiziell nichts sagen. Wir hatten Bilder, durften sie aber nicht zeigen. Während wir also unseren Eiertanz aufführten, um zu retten, was nicht mehr zu retten war, erreichte uns schließlich während der Livesendung doch die offizielle Meldung, dass Frings im Halbfinale würde zusehen müssen. Das war uns eigentlich egal, uns erleichterte aus journalistischer Sicht nur, dass wir seinen Faustschlag gegen Argentiniens Cruz endlich senden durften. Dass diese Sperre »der Mannschaft Flügel verleihen« würde, so wie es Jürgen Klinsmann prophezeite, sollte sich leider nicht bewahrheiten. Wir verloren das Halbfinale gegen Italien.

Auch wird mir immer in Erinnerung bleiben, wie Oliver Kahn live bei »Talk und Tore« nach dem gewonnenen Spiel um Platz drei seinen Rücktritt aus der deutschen Fußball-Nationalmannschaft verkündete. An meiner Seite saßen in diesem Moment Boris Becker und Marcel Reif und hatten gleich Gelegenheit zum Kommentar. Ich erinnere mich noch genau, dass Reif sagte: »Alles richtig gemacht. Wenn ich einen Hut aufhätte, ich würde ihn jetzt ziehen.«

Wir von der Premiere-Crew sind in dieser Zeit eng zusammengewachsen. An Normalität war eh nicht zu denken, Millionen Menschen fieberten mit, und ein ganzes Land war in Aufruhr. Außerdem waren wir alle in einer fremden Stadt aufeinander angewiesen, und das beinahe zwei Monate lang.

Vermutlich hat jeder aus unserem Team eine andere Lieblingsgeschichte aus dieser Zeit, aber es gibt niemanden, der nicht sein ureigenes Sommermärchen erlebt hat. Ich besitze immer noch das kleine, rote Buch, in dem ich mir damals all die Telefonnummern und Termine sowie Themen notiert habe. »Mein WM-Buch« steht auf der ersten Seite.

Am Ende dieser Weltmeisterschaft hatten wir achtundachtzig Experten durchs Studio geschleust, darunter Rudi Assauer, Fredi Bobic, Uli Stein, Alfred Draxler, Karl-Heinz Rummenigge, Harry

Valerien, Dieter Kürten, Wolfgang Niersbach, Dieter Hoeneß, Stefan Effenberg, Giovane Elber und viele mehr. Im Nachhinein macht es mich manchmal fast schon traurig zu wissen, dass diese WM niemals wiederkommt und dass die Chance, ein solches Ereignis zu Lebzeiten in Deutschland noch einmal zu erleben, recht gering ist. Davon gibt es also definitiv keine Fortsetzung. Ich habe nach diesen Wochen im Berliner »Landschulheim«, wie ich die »adidas world of football« irgendwann nur noch nannte, einige Nationalspieler im Urlaub auf Ibiza getroffen, die abends alleine an der Hotelbar saßen und wehmütig der WM-Musik von »DJ« Gerald Asamoah lauschten. Einer sagte zu mir: »Weißt du, eben haben dich noch fünfzigtausend in Stuttgart gefeiert, und plötzlich sitzt du wieder in deiner Wohnung neben deiner Freundin auf dem Sofa und bestellst Pizza. Nichts gegen meine Freundin, aber diesen Crash muss man erst mal verkraften.«

Auch ich benötigte länger, als mir lieb war, um alles zu verarbeiten. Und wenn ich gewusst hätte, dass ich mit zweiunddreißig meinen beruflichen Höhepunkt erleben sollte, dann wäre ich bestimmt noch viel sorgsamer mit dieser Zeit umgegangen. Aber vielleicht gehörte das auch dazu: Wir wussten gar nicht, wie schön es war. Unser WM-Lied damals hieß »Won't forget these days« von Fury in the Slaughterhouse – und das stimmt. Diese Tage werden wir alle niemals vergessen, und ich bin von Herzen dankbar, dass ich sie erleben durfte. Ein Dank an dieser Stelle auch noch einmal an das ganze Team. Ihr wart fabelhaft!

Fliegende Kassenrollen

Während meiner Zeit in Hamburg hatte ich mich entscheiden müssen: HSV oder Pauli. Du kannst in Hamburg nicht für beide Vereine sein, das ist eine Grundsatzfrage. Wie Beatles oder Stones, Mercedes oder BMW, Hunde oder Katzen. Nur Opportunisten können beides. Ich nicht. Nachdem mein Vater mir immer gepredigt hatte, dass ich dem Underdog die Daumen drücken sollte, fiel mir die Wahl nicht schwer. Schon bald standen Pauli-Tassen in meinem Schrank, ich trug Pauli-T-Shirts und verschenkte Pauli-Aschenbecher und an frischgebackene Eltern Pauli-Sabberlätzchen für den Nachwuchs.

2007 kehrte der FC St. Pauli in die 2. Liga zurück, nachdem er zuvor vier Spielzeiten in der Regionalliga Nord herumgedümpelt war. Am Millerntor hielt die neue Herrlichkeit Einzug, wo die Mannschaften zu ACDCs »Hells Bells« einliefen und man den FC Bayern im Februar 2002 mit einem 2:1 besiegt hatte und damit für immer den inoffiziellen Titel »Weltpokalsiegerbesieger« trug.

Dieser Sommer war für uns Medienschaffende enorm ereignisreich. Ich arbeitete immer noch in der n-tv-Nachrichtenwelt, doch nun war auch wieder Premiere »im Spiel«, die Fernsehrechtesituation hatte sich zu unseren Gunsten gedreht. Den Zweitliga-Auftakt 2007 moderierte ich am Millerntor. Gemeinsam mit unserem Experten Christian Beeck, heute Sportdirektor bei Energie Cottbus, freuten wir uns auf die Begegnung des FC St. Pauli gegen den 1. FC Köln, der von Christoph Daum trainiert wurde. Doch wir hatten die Pauli-Fans unterschätzt, die geradezu unwirsch auf die TV-Präsenz reagierten. Für die Paulianer gehört das Fernsehen zum ungeliebten Establishment, es gilt als Inbegriff des Kommerzes, der aus ihrer Sicht den Fußball kaputt macht. Das ist ihr Weltbild, und sicher, man kann darüber streiten, ob der Sport wirklich all das Geld wert ist, das für die Übertragungsrechte oder auch an Gehältern bezahlt wird, aber die Bundesliga ist Teil Europas, so dass sich das Rad nicht zurückdrehen lässt. Außerdem wirtschaftet die Liga im europäischen Vergleich sehr gut, was noch deutlicher werden wird, wenn die Financial-Fairplay-Regeln der UEFA ab 2015 greifen.

An diesem Spätsommertag 2007 jedenfalls wollte niemand diskutieren, nein, die Fußballfans auf St. Pauli drückten ihren Unmut über die Präsenz von Premiere dadurch aus, dass sie begannen, meinen Co-Moderator und mich mit Kassenrollen zu bewerfen. Ja, sie haben richtig gelesen: Kassenrollen. Massiv, 6 Zentimeter Durchmesser. Ist jetzt nicht die normale Stadionausrüstung, wenn man als Fan zum Spiel geht, wenn sie mich fragen, also kamen sie gut vorbereitet. Dutzende dieser Geschosse flogen gleich zu Sendebeginn durch die Luft, und es grenzt an ein Wunder, dass niemand getroffen wurde. Bei meinem Glück hätte ich normalerweise doch gleich ein Dutzend an den Kopf bekommen müssen, oder? Den Rest der Übertragung schützten uns die Aufnahmeleiter mit Regenschirmen vor den Wurfgeschossen.

Ehrlich gesagt, hat es mir die kommenden Besuche am Millerntor etwas verleidet. Andererseits halte ich es mit Helmut Schulte, der dreimal am Millerntor beschäftigt war: Wer den Club einmal im Herzen getragen hat, wird ihn vermutlich nie wieder los. Und so ziehe ich beim Sport heute noch mein St.-Pauli-Shirt an – ich würde mich sehr freuen, wenn sie wieder in die Bundesliga aufstiegen. Ich war natürlich zwischendurch längst mal wieder am Millerntor beschäftigt, wurde aber nie wieder mit Kassenrollen beschossen.

Der 1. FC Köln siegte damals übrigens mit 2:0 dank der Treffer von Patrick Helmes und Milivoje Novakovic und sollte am Ende der Saison gemeinsam mit Hoffenheim und Borussia Mönchengladbach aufsteigen. Nähere Begegnungen mit Kassenrollen habe ich seither nur im Supermarkt gemacht.

Flirt mit Hollywood

Als Sky noch Premiere hieß, rief der damalige Chef der Kino-Kanäle ein Format namens »Premiere in Serie« ins Leben. Die Idee: Dem Zuschauer einen Blick hinter die Kulissen seiner Lieblingsserien zu gewähren. Eine grandiose Idee! Und so flogen mein Kollege Martin Brindöpke und ich zum ersten Mal in unserem Leben nach Los Angeles. Dreizehn Stunden nonstop in der Holzklasse, dann kamen wir auf dem Flughafen LAX an.

Wir wohnten in einem kleinen Hotel in Venice Beach, unweit vom berühmten Santa Monica Pier, Kulisse für unzählige Hollywood-Filme. Aufgrund der Zeitverschiebung wachte ich schon um vier Uhr in der Früh wieder auf, an Schlaf war nicht mehr zu denken. Ich war auch viel zu aufgeregt, denn wir waren spät angekommen und hatten L. A. bis dahin nur im Dunkeln gesehen. Ich wartete noch eine Stunde, zog dann meine Turnschuhe an und lief hinunter zum Strand. Jogging in Venice Beach, das musste doch eine Massenbewegung sein!

Doch der Strand war menschenleer, einige Clochards schliefen auf den Bänken, die sich nur ungern von einer deutschen Touri-Joggerin aufwecken ließen. Ich lief vorbei an den berühmten Fitnessgeräten von Venice Beach, wo schon Arnold Schwarzenegger seine Muckis stählte, und erreichte schließlich das berühmte Riesenrad von Santa Monica, Kulisse für unzählige Hollywood-Streifen.

Unsere erste Tour führte uns in die Hills, wie der Kalifornier sagt. Was mir zuerst auffiel, war die Tatsache, dass L. A. keinen richtigen Stadtkern besitzt. Es mutet wie eine Ansammlung von kleinen Orten an, jeder für sich anders und besonders. Oben am berühmten Hollywood-Schriftzug machten wir unseren ersten Aufsager. Mein

Herz pochte, ich war selig, einen Abstecher in die Traumfabrik machen zu können. Ich liebe Filme, aber vor allem TV-Serien. Gerade zu dieser Zeit hieß es in Hollywood: »Serie ist das neue Kino«, und die großen Stars scheuten sich nicht, für HBO oder andere Sender langwierige Engagements einzugehen, wenn es sich um anspruchsvolle Serien handelte. Nehmen Sie Kevin Spacey, der gerade in der ersten Staffel von »House of Cards« brillierte, einer 100-Millionen-Dollar-Serienproduktion.

Unser erster Anlaufpunkt war aber nicht das »24«-Gelände von Chatsworth, ein Distrikt von L. A. im Norden des San Fernando Valley, sondern die Paramount-Pictures-Studios an der Melrose Avenue. Überall wehte hier der Hauch der Filmgeschichte. Paramount Pictures war für Welterfolge wie die Indiana-Jones-Filme, »Der Pate«, »Star Trek«, »Spiel mir das Lied vom Tod«, »Forrest Gump«, »Chinatown«, »Titanic« oder »Der Soldat James Ryan« verantwortlich.

Zur Begrüßung empfing uns ein Aufnahmeleiter von »Nip/Tuck«, einer damals erfolgreichen Serie über zwei narzisstische Schönheitschirurgen, der sofort sagte: »Actually I'm an actor.« Dieses Phänomen sollte uns allerdings öfter begegnen, denn in L. A. arbeitet gefühlt jeder irgendwie in der Entertainment-Industrie, und beinahe alle Kellner sind »in Wirklichkeit« Schauspieler. Wobei die Frage bleibt, was denn nun die »Wirklichkeit« ist.

Leider war mein Jetlag an dem Tag übermächtig, und das erste Interview mit Hauptdarsteller Dylan Walsh ging keinesfalls ein in die Top Ten meiner Interview-Rangliste, jedenfalls nicht was die Gesprächsführung angeht. Anders ausgedrückt: Es war ein Alptraum. Walsh hatte die Füße hochgelegt und antwortete mit einer Arroganz, die ich in 20 Jahren Bundesliga so niemals erlebt habe. Willkommen in Hollywood, dachte ich nur.

Als ich mich in einer Drehpause in den Paramount-Studios nach draußen stahl und mich ein wenig auf dem Gelände umsah, platzte ich beinahe in einen anderen Dreh: Vor mir liefen Adrian Grenier und Eric Conolly von »Entourage« über den Campus. Sie nutzten tatsächlich dasselbe Set.

Wir wurden mit kleinen Golfcarts über das Gelände chauffiert, an jeder Halle der Paramount Studios hing eine Tafel mit all den bekannten Box-Office-Hits, die am jeweiligen Set gedreht worden waren. Außerdem standen die berühmten »Trailer« überall herum, die sogenannten »Starwaggons«: die Wohnwagen für die Schauspieler. Während hier in Deutschland eher das übliche Modell »Holland« zur Verfügung steht, gibt es in Hollywood alle Größen und Längen – je nach Starlevel eben. Und es soll tatsächlich Schauspieler geben, die nachmessen, ob ihr Wohnwagen nicht doch ein paar Zentimeter kürzer ist als der des Rivalen …

Wir trafen Darsteller aus »Lost«, wobei es leider nichts wurde mit dem Setbesuch auf Hawaii. Wir schauten uns den berühmten »Walk of Fame« an. Wir aßen im »Green Door«, wo Britney Spears sich gerade getrennt hatte, und wir machten eine Fahrt durch die Universal Studios. Wir besuchten das Set der »Sarah Connor Chronicles«, einer Serie, die auf der Terminator-Reihe basierte, und lagen am Pool des Grand Hyatt an der »Avenue of the Stars«.

Die wunderbare Managerin der Fox-Studios Gina Brogi lud uns eines Abends zum Essen ein, und wir durften uns aussuchen, ob wir im »Ivy« oder im »Spago« reservieren wollten. Star-Watching hieß unsere Mission! Man muss dazu wissen, dass Normalsterbliche in beiden Lokalen auf einen Tisch ungefähr so lange warten müssen wie homosexuelle Paare auf ein Adoptionskind. Aber Miss Brogi bekam immer einen. Immer. Wir entschieden uns für das »Spago« in Beverly Hills, wo auch George Clooney eine Art Stammplatz haben sollte. Der Österreicher Wolfgang Puck baute von hier sein kleines Imperium auf. Und weil das »Spago« einem Österreicher gehört, findet sich dort auch »Kaiserschmarrn« auf der Dessertkarte. Wir fragten Gina, ob sie schon einmal Kaiserschmarrn probiert habe, und überredeten sie, doch eine Portion zu versuchen. Der Kellner, wie Arnold Schwarzenegger aus der Steiermark und mit exakt demselben Akzent ausgestattet, brachte schließlich einen Teller – sehr schön angerichtet, aber mit der falschen Mehlspeise darauf. Wir blickten empört auf: »Das ist doch kein Kaiserschmarrn!«, beschwerten sich mein Kollege und ich unisono. Der Kellner lachte und legte beschwichtigend seine Hand auf meinen Arm. »Naaa«, antwortete er, »dös san Salzburger Nockerln, aber dös woaß do in Beverly Hills eh koaner.« Wir hielten uns die gut gesättigten Bäuche vor Lachen und versprachen Gina, ihr einmal einen echten Kaiserschmarrn zuzubereiten, ein Versprechen, das wir dann ein paar Tage später in ihrer Küche in Venice Beach auch einlösten.

Insgesamt reisten wir dreimal nach Los Angeles, der denkwürdigste dieser Besuche aber fand in einer recht unscheinbaren Baracke in Chatsworth statt. Vor dem Eingang des zweistöckigen Baus standen einige mörderteure Sportwagen, hauptsächlich vom englischen Bond-Autobauer Aston Martin. Das Gebäude machte auf den ersten Blick den Eindruck einer stillgelegten Schuhfabrik. Dabei saßen hier die Masterminds einer der erfolgreichsten Serien aller Zeiten: »24«.

Das Konzept: Geheimagent Jack Bauer rettet in jeder Staffel die Welt – und zwar an einem Tag. Denn der Clou der Serie besteht darin, dass alle Geschehnisse in »Echtzeit« dargestellt werden, eine Staffel besteht also aus 24 Folgen à 24 Stunden. Hauptdarsteller Kiefer Sutherland feierte mit »24« ein triumphales Comeback und erhielt für die letzten Staffeln insgesamt 40 Millionen Dollar Gage, womit er zum bestbezahlten Seriendarsteller aller Zeiten aufstieg.

In Chatsworth bei L. A. durften wir beim Dreh einer Szene der siebten Staffel dabei sein. Wir betraten den »Cigar«-Room, wo die Hauptautoren Howard Gordon und Evan Katz bei dicken Zigarren in noch dickeren Leder-Ohrensesseln über die Handlung philosophierten. Die Wände glänzten in Terrakottarot, dicke Teppichböden schluckten unnötige Geräusche, und viele Humidore und Zigarren-Utensilien prägten das Bild. Auch das erste Interview mit Kiefer Sutherland führten wir in diesem »Herrensalon«.

Es sollte nicht bei einem Interview mit ihm bleiben. Dem Muttersender Fox gefiel unser Feature über »24«, und so schickten sie beinahe die gesamte Crew nach Deutschland in unseren »Premiere Showpalast«, eine Talk-Sendung mit Film- und Serienschaffenden, die ich moderieren durfte. Regisseur Jon Cassar, dazu Annie Wersching, die »Neue« aus der achten Staffel, Carlos Bernard, der Tony Almeida spielte – und natürlich Kiefer Sutherland. Die Aufzeichnung lief gut, auch wenn ich durch die komplette Talkrunde auf Englisch führte. Dabei half mir zum einen mein Sprachtalent und zum anderen meine Liebe zu Filmen und Serien. Denn ich sehe mir beinahe alles in der Originalversion an. Aber ich habe Glück, denn Sprachenlernen fiel mir immer sehr leicht. Als ich in Italien lebte, habe ich mir Italienisch anhand von DVDs mit englischen Untertiteln beigebracht. Meine ersten Worte lernte ich durch »Hangcock«. »Ottimo lavoro« – super Arbeit! Englisch fiel mir immer leicht, in der Schule hatte ich auch noch Französisch, Latein und Russisch gelernt – wobei ich im Russischen leider alles vergessen habe. Ich will es aber irgendwann wieder auffrischen, unbedingt! Außerdem imitiere ich gerne jedwede Form von Dialekten, was mir, so sagen es Beteiligte, wohl auch ganz gut gelingt. Nach dem Dreh saß ich den ganzen Abend neben Kiefer – und ich muss sagen, es gibt nicht viele Menschen, die so viel Whiskey vertragen. Während des Essens bestellte er vierzehn J&B Scotch, ich habe mitgezählt. Wir entwarfen ein »24«-Musical, und immer wieder fragte er mich, ob ich einen Freund hätte. Doch es ging ihm nicht ernsthaft darum, mich anzubaggern, vielmehr war er ein hoffnungsloser Romantiker und ebenso hoffnungslos betrunken, weshalb er immer wieder sagte: »I am happy for you, but I feel so lonely …«

Als ich gehen wollte, hielt er eine Rede auf mich – wie toll ich die Show promotet hätte und wie viel Spaß das gemacht habe. Was für ein Abend! Plötzlich stand der mittlerweile verstorbene Filmproduzent Bernd Eichinger in der Tür mit seiner Frau Katja und wollte dem Hollywood-Star hallo sagen. Doch irgendwie fand man nicht zueinander, die genauen Umstände sind mir nicht bekannt. Die beiden trollten sich wieder, und schließlich zogen Kiefer Sutherland und seine Entourage weiter in den Nachtclub des »Bayerischen Hofs«.

Der Abend war für den Schauspieler, trotz der vielen Gläser Whiskey im »Käfer«, natürlich noch nicht beendet. Auf der Tanzfläche versuchte er andauernd, sich auszuziehen, wovon ihn Kollege Carlos Bernard immer nur mit Mühe abhalten konnte. Ein Mädchen, das Sutherland begleitete, forderte den DJ immer wieder auf, das Licht anzumachen, dann würde der betrunkene Star möglicherweise mit der ungebetenen Stripshow aufhören. Sein Kollege Bernard hatte schließlich die Faxen dicke und machte dem traurigen Schauspiel ein Ende, indem er sich Kiefer Sutherland kurzerhand über die Schulter warf und in dessen Suite trug.

Überaus spannend war die Frage, ob es Sutherland am nächsten Tag rechtzeitig zur Pressekonferenz schaffen würde. Erstaunlicherweise saß er da, ziemlich zerstört, aber er war körperlich anwesend. Auf die Frage, was er denn auf Deutsch sagen könnte, antwortete er: »Einen Whiskey und eine Cola bitte. Ick liebe dich. Und Arschloch.« Der Saal tobte, seine entwaffnende Ehrlichkeit entbehrte nicht eines gewissen Charmes, und die Medien waren voll von bewundernden Artikeln am nächsten Tag. Kiefer sollte noch einmal nach Deutschland kommen, doch da machte der Vulkan Eyjafjallajökull dem Ganzen einen Strich durch die Rechnung. Trotzdem kam er vor nicht allzu langer Zeit anlässlich des Abschlusses der Serie »24« ins Sky-Hauptquartier nach Unterföhring, und wir drehten ein großes Interview in 3 D, übrigens ebenfalls auf Englisch. Damals war er übrigens wieder in einer festen Beziehung, erzählte auch offen von seiner Tochter, der er versuche das Schauspielern auszureden, und wirkte auch deutlich stabiler.

Ich gestehe: Ich bin wirklich ein Riesenfan von Kiefer Sutherland, ich halte ihn für einen begnadeten Schauspieler, der nie richtig mit seinem dominanten Vater umgehen konnte, und ich hoffe sehr, dass er sein Alkoholproblem in den Griff bekommt und das Leben genießen kann. Seine neue Serie »Touch« zählt erfreulicherweise zu den großen Quotenhits in den USA, und Fox soll auch »24« wieder aufleben lassen ... Es bleibt also Hoffnung, dass sich, wenn auch nicht mein Sommermärchen, so doch diese Hollywood-Connection wiederholen lässt.

Teil vier:

Kopfball-Kuriositäten

Die Frau mit dem Kopfschuss

Bei mir und dem Kopfball ist es so wie mit Künstlern, die auf genau ein Lied reduziert werden. Gottlieb Wendehals mit der Polonaise oder Klaus & Klaus mit »An der Nordseeküste«. Ich saß schon in zig Talkshows mit Jens Riewa, der sich dann seine besten Tagesschauversprecher noch einmal anhören musste. Bei mir war und ist es eben – der Kopfball. Das sind Dinge, die kann man nicht beim Universum bestellen, man bekommt sie einfach so geliefert. Und ich hätte auch niemals mit der medialen Bugwelle gerechnet, die ein einzelner Moment auslösen sollte.

Wenn ich heute neue Menschen kennenlerne, sage ich manchmal, um alles abzukürzen: »Ich bin die Frau, die den Ball an den Kopf bekommen hat.« Und in 90 Prozent der Fälle kommt folgende Reaktion: »Ach, du bist das! Ja, das habe ich gesehen! Hat das nicht weh getan?«

Die Szene ist eben konkurrenzlos großartig, weil eben einzigartig. Sie ist auch nicht zu kopieren, noch nicht einmal von Bastian Schweinsteiger, und der hat immerhin versucht, Mehmet Scholl am ARD-Tisch bei Reinhold Beckmann zu treffen. Er ist kläglich gescheitert. Hätte Khalid Bouhlarouz mich gezielt »abschießen« wollen, er hätte es niemals aus der Entfernung von über 40 Metern geschafft.

Und noch ein absurder Zufall: Normalerweise hält die Kamera bei einer Anmoderation viel dichter auf mein Gesicht – doch auch das war an genau dem Tag nicht der Fall. So konnte sich hinterher jeder ansehen, wie lange der Ball durch die Luft flog, bis er mich schließlich traf.

Um noch einmal auf die Frage zurückzukommen: Natürlich tat das weh. Sehr sogar. Mein Kopf brummte wie ein kaputter Rasierapparat. Aber der Schock war ehrlich gesagt viel, viel schlimmer. Der Ball kam eben buchstäblich aus heiterem Himmel auf mich zu. Außerdem werde ich einfach den Gedanken nicht los, dass meine Birne diese Art Unheil geradezu anzieht, schließlich bin ich Wiederholungstäterin in Sachen Kopfschuss …

Und das nicht nur auf dem Fußballplatz – als würde das nicht auch ausreichen: Neulich ist mir doch tatsächlich ein großes Stück Firnschnee vom Dach eines fünfstöckigen Hauses direkt auf die Birne gefallen. Da wusste ich: Ich bin eben auf besondere Weise anziehend, vom Hals aufwärts, das kann ich beweisen. Schade, dass diese Kastropsche Gravitation bislang noch nicht weiter erforscht wurde.

Zurück zum Kopfball von Bouhlarouz. An die Tage danach erinnere ich mich nur verschwommen, wie oben gesagt, bin ich erst durch den Anruf von »bild.de« darauf aufmerksam geworden, dass die Szene im Netz war. Es sollten 48 Stunden vergehen, bis ich meinen »Kopfball« selbst angesehen habe. Zwei Tage nach dem Anruf spielte Werder Bremen in der Champions-League-Qualifikation gegen Sampdoria Genua, ein Spiel, das ich mir gemeinsam mit meiner Nachbarin Simone auf dem Sofa anschaute. Meine Hündin Anelka lag neben uns, wir streckten unsere Beine auf dem Couchtisch aus, tranken Cola und aßen Salzstangen.

Nur nebenbei erwähnte ich den kleinen Zwischenfall vom Sonntag, doch Simone erstarrte sofort und sah mich mit ihren großen graublauen Augen entgeistert an. Dann quietschte sie vor Vergnügen und rief: »Das müssen wir uns unbedingt ansehen! Das ist ja irre!!!« Ich schluckte. »Simone«, sagte ich zögernd, »das wird sicherlich unglaublich peinlich aussehen. Willst du das wirklich anschauen?«

Doch Simone blieb hart – und wir schalteten mein Notebook ein. Mit zitternden Fingern gab ich »Kastrop« bei YouTube ein und schon spuckte die Datenbank meinen »Kopfball« aus. Mir gingen fast die Augen über, als ich sah, dass bis dato schon über zwei Millionen Klicks zu verzeichnen waren. Zögerlich drückte ich »Enter«, ich wusste ja nicht, was mich erwartete. Hatte ich mich derart blamiert, dass nun alle Welt Freude daran fand? Würde ich selbst darüber lachen können – oder würde ich gleich vor Scham im Parkett versinken?

Da war ich also. Weiße Hose, blaues Top, am Moderationstisch rechts im Bild von Stuttgarts Sportdirektor Fredi Bobic. Ich hörte mich über Stuttgarts Trainer Christian Groß sprechen und zu meinem Reporterkollegen überleiten: »Simon Südel hat ihn am Mikrofon« … KRAWUMM!!!!!

Da landete der Ball an meinem Schädel, in perfektem Timing auch noch, mein Kopf flog nach vorne, beinahe hätte ich mir noch am Tisch die Zähne ausgehauen. Ich zuckte kurz, schaute Simone ungläubig an, dann brachen wir beide in schallendes Gelächter aus. Sie fragte zwar sofort besorgt: »Hat das weh getan?«, konnte sich aber auch kaum mehr halten. Was sie bestimmt nicht ahnte, war, dass sie den Startschuss gegeben hatte für diese Frageformulierung, die noch eine lange Karriere haben sollte. Doch unser gemeinsames Coucherlebnis verbindet uns beide bis heute.

Wir lachten, bis uns die Tränen kamen und uns das Zwerchfell weh tat. Und nebenbei gesagt: Ich war unendlich dankbar, dass ich die Anmoderation zuvor fehlerfrei gemeistert hatte, denn das wäre für mich erst ein richtiger Super-GAU gewesen: erst schlecht oder mit inhaltlichen Fehlern moderiert – und dann, juchuuu!, Ball an den Kopf. Hilfe! Aber bei meinem Glück … Das wäre jedenfalls die perfekte Gelegenheit für einen richtig prickelnden Versprecher gewesen …

Mein Interviewpartner Fredi Bobic entpuppte sich als wahrer Gentleman, er sprang beinahe aus dem Bild, als mich das Bouhlarouz-Geschoss traf. Der »erfolgreiche« Schütze entschuldigte sich direkt danach bei mir, aber das sollte alles noch ein liebenswertes Nachspiel haben. Und damit meine ich nicht, dass ich täglich neue Facebook-Freundschaftsanfragen aus aller Welt bekam, teilweise in Sprachen oder Schriften, die ich nicht einmal lesen konnte. Doch wie es der Dienstplan-Zufall wollte, war ich am darauffolgenden Wochenende tatsächlich in Stuttgart eingeteilt, wo es zu einem unvermutet schnellen Wiedersehen mit Khalid Bouhlarouz kommen sollte:

Der VfB Stuttgart hatte sich mit seinem damaligen Pressesprecher Oliver Schraft – und seinem heutigen Max Jung – eine wunderbare Entschuldigung einfallen lassen. Zum einen gab es Blumen, eindeutig ein Zeichen von schlechtem Gewissen, zum anderen bekam ich einen »Petr-Čech-Gedächtnishelm« geschenkt. Der tschechische Nationaltorwart in Diensten des FC Chelsea spielt seit einem Schädelbasisbruch, den er sich während eines Premier-League-Spiels gegen den FC Reading bei einem Zusammenstoß mit seinem Gegenspieler Stephen Hunt zugezogen hatte, mit einem 80 Gramm schweren Helm aus Kunststoff, ähnlich einem Rugby-Kopfschutz. Mit diesem unendlich kleidsamen Helm auf dem Kopf durfte ich vor dem Spiel dann auch noch ein Interview mit Jürgen Klopp führen, da der BVB an diesem Tag beim VfB gastierte. Und ich muss gestehen, es hat mir sogar Spaß gemacht, besonders der Gesichtsausdruck von Jürgen Klopp, der irgendwo zwischen Ungläubigkeit und Resignation schwankte, nach dem Motto: Jetzt sind die bei Sky endgültig verrückt geworden. Ich teilte ihm mit, dass mein »Dachschaden ohnehin chronisch« sei und er sich weiter keine Sorgen machen müsse.

Die nächsten Wochen nahm der Internet-Hype kuriose Formen an. Der Paketbote stand sogar mit zwei Kollegen vor meiner Wohnungstür. Vermutlich hatte er ihnen erzählt, dass er die Frau beliefert, »die den Ball an den Kopf bekommen hat«.

Die Schlagzeilen, die damals kursierten, wie »weltweit berühmt« oder »weltweit ein Star«, haben mich erst recht amüsiert. Dennoch freuen mich wirkliche Erfolge, die aus meiner Arbeit resultieren, deutlich mehr. Zum Beispiel, wenn Fußballfans meine Fragen schätzen oder sich journalistisch gut aufgehoben fühlen bei mir. Andererseits muss ich zugeben: Die unverhoffte Bekanntheit hat für mich Türen geöffnet, die ohne »Kopfball« vermutlich verschlossen geblieben wären …

Zwei Wochen oder länger lag ich bei Stefan Raab auf den – wie es so schön heißt – »Nippeln«, also auf den Tasten, mit denen er diverse Szenen immer wieder und direkt abrufen kann, was er in meinem Fall auch andauernd tat und damit Sky zur wohl größten kostenfreien Marketing-Kampagne aller Zeiten verhalf – und mir zu einem Anruf von Jörg Grabosch, dem Chef von Brainpool, der mir die Moderation der »TV Total PokerStars.de Nacht« anbot, was mich völlig überrumpelte. Ich war so perplex, dass ich nur fußballfachsimpelte, weil ich wusste, dass ich in Grabosch einen großen Schalke-Fan am anderen Ende der Strippe hatte. Mittlerweile habe ich sogar ein wenig Ahnung vom Pokern. Aber ich bin dankbar, dass Kommentator Michael Körner dabei neben mir sitzt und ich ihn immer fragen kann, wenn ich stellvertretend für viele Zuschauer denke, dass ein Spielzug der Erklärung bedarf.

Und noch eine Folge hatte der Kopfball: Ohne ihn wäre ich niemals ins amerikanische Fernsehen gekommen.

The woman that got shot
with the ball in the head

Wenige Tage nach dem Aufkommen des Video-Hypes erreichte mich ein Anruf aus London. »Hi, this is Laura from CBS News«, tönte es mir entgegen. Ob ich denn diejenige sei mit dem Ball und so weiter? Ich bejahte ungläubig. Klaro, CBS News ruft ja dauernd an, sicherlich. Und vor allem bei mir!

Sie wollten gerne mit mir sprechen und mich dann nach New York in die Morgensendung schalten. Mich!?! Ins amerikanische Fernsehen? In eine der größten Morning-Shows? Verrückt.

Gut, Flug und sieben Übernachtungen in der Stadt meiner Träume wären mir lieber gewesen, aber der Gedanke kam mir erst viel später. Man muss sich das mal vorstellen: Ich saß da alleine in meiner 57-Quadratmeter-Wohnung in München, ohne Balkon und ohne Badewanne, und das US-Fernsehen ruft an. Mir kam das alles vollkommen surreal vor.

CBS meldete sich am gleichen Tag noch zweimal, sie benötigten Bildmaterial, schließlich sei mir das mit dem Kopfball nicht das erste Mal widerfahren. Woher wussten sie das bloß? Ich kam an diesem Tag aus dem Staunen nicht heraus.

Dann musste ich eine Erklärung unterschreiben, dass ich weder mit CNN noch mit abc oder einer anderen der großen amerikanischen Rundfunkanstalten sprechen würde, bevor ich nicht CBS zur Verfügung gestanden hatte.

Ich musste mich kneifen, ich dachte, ich träume. Die kleine Jessica aus Pirmasens soll nicht mit CNN oder abc oder »any of the other big networks« sprechen. Ach so, klar, hatte ich vergessen, die wollen natürlich auch andauernd mit mir reden. Die haben ja nichts

Besseres zu tun, als sich für irgendeine deutsche Sportreporterin zu interessieren. Wie krass ist das denn? Und als Nächstes geben sie mir einen Termin für ein Interview mit Barack Obama? Verrückte Welt ...

Als sich dann tatsächlich CNN meldete, musste ich leider absagen. Sie bedauerten es sehr, dass sie mich nicht als Erstes haben konnten. Aber ich hatte den anderen ja schon zugesagt. Pech.

Hoch aufgeregt saß ich dann im Studio in München, und in meinem Ohr erklang die Stimme von CBS-Anchor-Legende Harry Smith, der mittlerweile zu NBC gewechselt ist (sicherlich durfte er mit denen vorher auch nicht sprechen). Ich hatte mir bis dahin eingebildet, dass mein Englisch gar nicht so schlecht sei, aber ehrlich gesagt, wurde in der Aufregung dann doch ein ziemliches Gestammel daraus. Mein Puls war auf gefühlte 180 geschnellt, als ich die Kulisse des Times Square auf dem Monitor hinter Harry Smith sah. Außerdem schüchterte mich seine unendliche Professionalität etwas ein. Ich wusste ja nicht, dass in den USA alle, aber wirklich alle Hosts mit Teleprompter arbeiten und die bewunderte Redegewandheit von Harry Smith wenig spontan war. Ich selbst hatte das bis dato nur einmal bei den Nachrichten ausprobiert.

Da war mir am Ende ein Interview mit einem Schweizer Radiosender lieber, denn der Moderator stellte mich vor eine interessante Wahl. »Wissen Sie, es gab doch zwei herausragende TV-Momente im Sport in diesem Jahr«, sagte er. »Zum einen Ihr Kopfball, zum anderen der Live-Kuss von Iker Cassilas, den er seiner Freundin, der TV-Reporterin Sara Carbonero, im Interview nach dem WM-Titel aufdrückte. Wäre Ihnen Letzterer lieber gewesen?« Ich musste lachen: »Das weiß ich nicht, aber er war sicher weniger schmerzhaft ...«

Ich gab Interviews im italienischen Fernsehen, und ich wunderte mich, warum die holländischen Spieler von Ajax Amsterdam in der Champions League wie wild tuschelten, als sie mich sahen – bis es mir natürlich wie Schuppen aus den Haaren fiel, dass viele von ihnen »Übeltäter« Khalid Boulahrouz aus der Nationalmannschaft kannten und das Video auch in Holland ungemein populär war.

Und so meldete sich das holländische Fernsehen, und ich sprach mit ihnen im Bernabéu-Stadion in Madrid.

Acht Monate später flog ich privat nach New York, die Schalte in die Morning-Show hatte mich nicht mehr losgelassen, und irgendwann landeten mein Freund und ich in dem wunderbaren kleinen und gemütlichen Restaurant »The Spotted Pig« in Greenwich Village. Wir genossen den köstlichen Burger mit Gorgonzola-Käse, der als einer der besten in der ganzen Stadt gilt, als drei junge Männer am Nebentisch immer wieder zu uns herüberschauten und sich leise etwas zuflüsterten.

Es stellte sich heraus, dass die drei aus dem kanadischen Outback kamen und nie zuvor in New York gewesen waren. Doch sie hatten Internet! Denn kurz nachdem sie das erste Mal herübergeschaut hatten, platzte einer hervor: »Aren't you the reporter that got shot with the ball in the head?« – frei übersetzt: »Bist du nicht die Reporterin, die den Ball an den Kopf bekommen hat?« Ungläubig nickte ich. Ja, das bin ich. Die Frau, die den Ball an den Kopf bekommen hat. Aber vielleicht bin ich auch noch viel mehr …

Bierduschen und weitere Zwischenfälle

Vielleicht hätte sich ja der ganze Kopfball-Hype schnell wieder beruhigt, vielleicht hätte der kuriose Zwischenfall nie solch eine Nachhaltigkeit bekommen – wenn, ja wenn nicht diverse andere Pannen immer wieder zu einer Verlinkung mit dem alten Video geführt hätten. Ich denke da an das Pokalfinale 2012.

Seit Jahren arbeite ich immer beim Endspiel um den DFB-Pokal, und ich liebe diesen Job. Das Finale im Berliner Olympiastadion lässt sich meiner Ansicht nach mit keinem anderen Spiel in Deutschland in der Saison vergleichen. Die fantastische Atmosphäre, die Hauptstadt, die Nationalhymne und die grandiosen Fanchoreografien machen jedes Pokalendspiel zu einem einzigartigen Erlebnis.

Oft arbeite ich als VIP-Reporterin, was ganz wunderbar ist, weil ich auf der Ehrentribüne viele frühere Kollegen aus dem Organisationskomitee der WM 2006 wiedertreffe. Und ich habe dort erstmals Angela Merkel »live« gesehen, zwischen zwei Bodyguards lief sie im Stechschritt durch die Ehrenloge. Ich mag es, wenn sie beim Fußball jubelt und auf mich wirkt, als würde sie ihr Amt dann für ein paar Minuten vergessen.

Christian und Bettina Wulff ließen sich auch gerne dort blicken, im vertrauten Plausch mit Veronica Ferres und Carsten Maschmeyer. Frau Ferres, die ich dort einmal interviewte, entpuppte sich übrigens als überaus reizend. Sie ließ sich von mir kurz das Näschen pudern und zog sogar ihre Schuhe für das Interview aus, damit ich nicht so klein neben ihr wirkte. Wenn ich kurz hinzufügen darf: Sie war beinahe ungeschminkt und sah absolut umwerfend aus, obwohl sie, so berichtete sie zumindest, die Nacht zuvor bis halb vier Uhr gedreht hatte.

Den Besuch beim Pokalfinale in Berlin lassen sich auch Franziska van Almsick und ihr Lebensgefährte Jürgen Harder selten einmal entgehen, beide sind große Fußballfans. Günter Netzer machte mich zuletzt überglücklich, denn als ich mich mit DFB-Präsident Wolfgang Niersbach unterhielt, blieb er kurz stehen und sagte: »Sie machen Ihren Job übrigens ganz prima. Das wollte ich Ihnen einmal sagen.« Lächelte freundlich und ging weiter. Im Gegenzug fehlten mir die Worte. »Danke!«, stammelte ich. Ein solches Lob von meinem Idol! Unfassbar! Kein Wunder, dass ich mich später im stillen Kämmerlein tatsächlich der Tränen nicht erwehren konnte.

Kritik hagelt es ja gerne mal, und wenn man sie immer ernst nähme, würde man eine ganz andere Art von Kopfschuss erleiden … Lob gibt es seltener, und wenn es dann aus so berufenem Mund kommt, dann macht es einen wirklich sehr, sehr stolz. Mich zumindest.

Als der BVB im Mai 2012 mit 5:2 gegen den FC Bayern gewann, war ich nicht auf der Ehrentribüne, sondern als BVB-Reporterin eingeteilt. Ich führte folgerichtig also nur die Interviews mit den Dortmundern, für die Bayern war mein Kollege Thomas Wagner eingeteilt. Der BVB konnte sich zum fünften Mal in Folge gegen den FC Bayern München durchsetzen – und dieses Spiel glich einer Demonstration. Zum ersten Mal in seiner Vereinsgeschichte holte sich Dortmund das Double, zuvor hatten sie sich mit 81 Punkten die Meisterschaft gesichert – einem Wert, den nie zuvor ein Team erreicht hatte, den die Bayern im Jahr darauf aber noch toppen würden.

Die Freude der Borussia war dem Double und der Demonstration entsprechend groß. Ich stellte mich schon darauf ein, erstmals ein weibliches »Opfer« einer Bierdusche zu werden. Diese Gerstensaftorgien haben bei fußballerischen Erfolgen nun mal eine lange Tradition, und es gibt kaum einen gestandenen Sportreporter, der noch nicht in den Genuss dieser klebrigen Angelegenheit gekommen wäre. Ich aber war noch ungetauft. Nun, es ist unangenehm, vor allem wenn man hinterrücks überrascht wird, und so sind einem Kollegen danach auch schon üble Schimpfwörter live im Fernsehen entschlüpft.

Direkt nach dem Spiel beobachtete ich, wie Hans-Joachim Watzke, der Klubchef des BVB, alleine im Rund des Olympiastadions stand und ihm ein paar Tränen über die Wangen kullerten. »Für mich war das ein sehr bewegender Moment«, erzählte er später. »Die ganzen Jahre sind noch mal an mir vorbeigeflogen.«

Watzke hatte 2005 den Chefposten bei der Borussia übernommen, zu einem Zeitpunkt, als den Verein weit über 120 Millionen Euro Schulden drückten – und der BVB in einer tiefen sportlichen Krise steckte. Und nun tobten die Spieler nach ihrem Erfolg wie ausgelassene kleine Kinder über den Platz. Auch für das Team fand Watzke großes Lob: »Die Mannschaft ist so großartig, und Jürgen stellt sie immer wieder wunderbar ein. Wir genießen das einfach nur, und ich kann meinen Hut gar nicht tief genug ziehen vor dieser Leistung.«

Mit hängenden Köpfen nahmen die Bayern ihre Medaillen entgegen, es war der zweite Vizetitel der Saison, aber noch hofften Jupp Heynckes, Uli Hoeneß & Co. auf das Champions-League-Finale »dahoam« in München. Dass es am Ende das Vizetriple werden könnte, damit wollte sich noch niemand wirklich auseinandersetzen.

Ich machte mir darüber auch keine Gedanken, denn meine Interviewpartner waren völlig sorgenfrei – bis auf Roman Weidenfeller vielleicht, der schon nach etwas über einer halben Stunde hatte ausgewechselt werden müssen. Nach einem Zusammenprall mit Mario Gomez war er mit Verdacht auf Rippenbruch vom Platz gegangen, eine Diagnose, die sich nicht bewahrheitete, und so war er rechtzeitig zum Feiern wieder im Stadion. Den 6,2 Kilogramm schweren Pokal konnte er allerdings kaum tragen, also nahm ich den Pott für das Interview an mich.

Natürlich erkundigte ich mich nach seinem körperlichen Befinden und wollte gerade meine zweite Frage anschließen, als sich von hinten Patrick Owomoyela anschlich. »Owo« hatte zwar verletzungsbedingt nur ein Drittel aller Spiele der Saison absolviert, aber im Feiern war er trotzdem ein ganz Großer. Und er traute sich das, was sich bis zu diesem Zeitpunkt alle Dortmunder verkniffen hatten: Er leerte das 5-Liter-Bierglas erst über Roman und dann über mir aus. Ein Fotograf drückte genau im richtigen Moment auf die Linse, so dass wir es in den »Stern« schafften als »Bild der Woche«. Wie sich so eine Bierdusche anfühlt? Nicht gerade angenehm, um ganz ehrlich zu sein. Zuerst wird es fürchterlich kalt am Kopf, dann rinnt der Gerstensaft ins Gesicht und brennt schrecklich in den Augen. Ich schüttelte mich vor der Kamera wie ein begossener Pudel, konnte kaum mehr aus meinen schmerzenden Augen schauen und teilte den Zuschauern nur noch mit: »Riecht wie Bier – schmeckt wie Bier – ist definitiv Bier ...« Dann beendete ich die Bierduschen-Reportage.

Gut, da hätte mir spontan vielleicht etwas Originelleres einfallen können, aber ich war in dem Moment einfach perplex, weil so eine Bierdusche wirklich ein bisschen eklig ist. Besonders schade war es um meine hellblaue Lieblings-Lederjacke, die definitiv für immer das Zeitliche segnete. Ich habe es aber nicht übers Herz gebracht, sie wegzuwerfen, und deshalb müffelt sie in meinem Kleiderschrank noch fröhlich vor sich hin.

Blöderweise wurde es am 12. Mai, meinem »Tauftag«, gegen 23 Uhr dann doch relativ frisch, und mit den nassen Haaren kam ich einer Erkältung gefährlich nahe. Natürlich hat es auch Spaß gemacht, aber mir kommt dabei der alte Spruch von Journalistenlegende Hanns Joachim Friedrichs in den Sinn: »Man soll sich nie mit einer Sache gemeinmachen, auch nicht mit einer guten.« Die

Bierduschen wiederholen sich seither regelmäßig. Es traf mich noch in Frankfurt und in der Allianz Arena, aber dazu später mehr. Pleiten, Pech und Pannen – meine Serie sollte noch kein Ende finden. Im selben Jahr moderierte ich in der ersten Pokalrunde die Partie SSV Jahn Regensburg gegen den FC Bayern, drei Monate nach dem Finale in Berlin. Bei dieser Partie begleitete mich der Ex-Bayern-Spieler Hasan Salihamidžić als Experte. Im Vorlauf (so nennen wir den Part der redaktionellen Berichterstattung vor dem Spiel) begrüßten wir den Manager von Jahn Regensburg, Franz Gerber, der wegen seiner früheren Vorliebe für Reptilien auch »Schlangen-Franz« genannt wird. Gerber hatte in der Jugend bei den Bayern gespielt, dann noch ein Jahr bei den Profis, bevor er zum FC St. Pauli wechselte. »Schlangen-Franz« hat also auf dem Platz und drum herum so einiges erlebt, aber unser kleines Missgeschick sollte auch für ihn eine Premiere bedeuten.

Wir sprachen gerade über die Herausforderung, die das Pokalspiel für den Zweitligisten Jahn Regensburg darstellte, als plötzlich hinter uns der Rasensprenger einsetzte. Dass das vor dem Spiel passiert in der Bundesliga, ist vollkommen normal. Allerdings sind die Geräte normalerweise so eingestellt, dass sie nicht bis zum Rand reichen und unsere Interviews behindern. In Regensburg allerdings war das anders. Und so duschte es unverhofft auf Franz Gerber und mich nieder. Hasan Salihamidžić hatte das Unheil kommen sehen und bereits einen Schritt nach rechts gemacht, doch Franz Gerber und ich waren so ins Gespräch vertieft, dass wir ahnungslos dastanden, als uns während der Live-Übertragung der Wasserschwall traf.

Wir mussten beide laut lachen und wichen hastig nacht rechts in Richtung Mittellinie aus. Der Kameramann musste sich auch beeilen, immerhin wurde hier teures Gerät nass. Und damit meine ich die Technik! Die restliche Übertragung über blieben wir von weiteren Pannen verschont. Und ganz nebenbei: Sehr humorlos gewann der deutsche Rekordmeister die Partie gegen den Zweitligisten mit 4:0. Ein kleiner Vorgeschmack auf den unendlichen Siegeswillen, den die Bayern in der Saison 2012/13 entwickeln sollten.

Für die ARD war als Experte übrigens Mehmet Scholl vor Ort, mit dem mich auch eine herrliche Anekdote verbindet – von der er allerdings nichts ahnt. Es war 1999, Mehmet Scholl spielte noch bei den Bayern, und ich war als »Bild«-Reporterin fast täglich beim Training. Scholl hatte sich verletzt, und ich schrieb ihm eine SMS, wie es ihm denn so ginge. Irgendwie entwickelte sich die Konversation zu einem einzigen Sprüchebombardement. Doch irgendwann fiel mir nichts mehr ein, und ich gab das Handy meinem damaligen Freund, der sehr viel Humor hat, und ließ ihn einfach weiterschreiben. Bis heute weiß Mehmet nicht, dass er nicht mehr mit mir gesimst hat, sondern mit meinem Lebensgefährten, dem die Aktion damals übrigens auch sehr, sehr viel Spaß gemacht hat.

Des Kaisers neue Namen

Über die grandiose WM 2006 habe ich ja bereits berichtet. Ehrlicherweise muss ich gestehen, dass mir auch die Berichterstattung über die WM 2010 viel Freude gemacht hat, obwohl ich im Studio in Deutschland und nicht in Südafrika vor Ort moderiert habe. Aber da ich ohnehin nicht gern lange von zu Hause weg bin, war mir das sehr recht. So war ich schon immer. Spätestens nach einer Woche im Urlaub möchte ich wieder heim. Und so habe ich auch nicht lange überlegt, als mich mein damaliger Sportchef Roman Steuer fragte, ob ich lieber vor Ort oder eben in München tätig sein wolle. Viele werden das vielleicht nicht verstehen, aber da ich die Wahl hatte, habe ich mich für die Heimat entschieden. Zugegeben, ein wenig gefährlich erschien mir Südafrika obendrein.

Mit gerade einmal 70 Leuten vor Ort (zum Vergleich – ARD und ZDF waren mit 500 Mitarbeitern in Südafrika) machten wir insgesamt 12 Stunden Programm. Beinahe täglich stand ich im Studio, leider entglitt mir zwischendurch auch einmal eine Sendung mit Christoph Metzelder. Irgendwann in irgendeiner Halbzeit endete einer meiner Sätze im absoluten Nirwana. Der »Stern« – oder war es der »Spiegel«? – befand zu Recht, ich sei der »Tiefpunkt der Übertragung« gewesen. Ein schrecklicher Tag und eine groteske Leistung, für die ich mich nur entschuldigen kann. Immerhin schaffte auch ich es bis ins Viertelfinale, wo ich noch die Partie Holland – Brasilien moderieren durfte.

Es gab natürlich einige Schlagzeilen in dieser Zeit. Den größten Skandal der WM verursachte aber der französische Nationalspieler Nicolas Anelka. Nach einem heftigen Disput zwischen ihm und dem Trainer der Franzosen, Raymond Domenech, wurde Anelka nach Hause geschickt, woraufhin die Mannschaft sogar das Training boykottierte. In der Halbzeitpause der Vorrundenbegegnung zwischen der Équipe Tricolore und Mexiko soll es zu einem heftigen Wortgefecht der beiden gekommen sein. Das berichtete die französische Sportzeitung »L'Équipe«, die Anelkas obszöne Beschimpfung in Richtung Domenech auf ihrer Titelseite druckte. Ich möchte sie hier gar nicht wiedergeben, so obszön war sie. Das Wort »Hurensohn« war wohl noch das harmloseste.

Mit diesen und schlimmeren Schmähungen soll Anelka die Forderung seines Coachs erwidert haben, der von seinem Stürmer einige taktische Veränderungen gefordert und ihn angemahnt hatte, nicht immer vorne stehen zu bleiben. Domenech habe laut dem Bericht umgehend auf die Verbalattacke reagiert und zu Anelka gesagt: »Okay, du gehst raus.« Tatsächlich lief mit Beginn der zweiten Halbzeit André-Pierre Gignac vom FC Toulouse anstelle des Chelsea-Stürmers auf.

Anelka galt schon lange vorher als »Enfant terrible« des französischen Fußballs. Der Stürmer war bereits vor der WM 2002 in Japan und Südkorea vom damaligen Nationaltrainer Jacques Santini aus dem Kader geworfen worden, bei Real Madrid war der damals suspendierte Stürmer einmal im Kofferraum eines Fahrzeugs vom Trainingsgelände geflüchtet. Am 17. August 2010 wurde Anelka dann als Reaktion auf sein Verhalten während der Weltmeisterschaft von der Disziplinarkommission des französischen Verbands für 18 A-Länderspiele aus der Nationalmannschaft ausgeschlossen. Und wer bis hierhin aufmerksam gelesen hat, der wird wissen, warum mir das Verhalten des französischen Spielers geradezu persönlich peinlich war. Warum? Nun, ich hatte 2001 meine kleine Hündin nach ebendiesem Anelka benannt. Aber das war eben vor all diesen Eskapaden. Meine Anelka wurde am 3. Juli 2001 geboren, da galt der französische Anelka noch als aufstrebender junger Stürmerstar. Und meine Hündin, braun-weiß gescheckt, sollte einen Namen mit »A« bekommen, weil es sich bei ihrem Wurf um einen »A-Wurf« handelte, also um den ersten Wurf dieser Zucht. Natürlich hätte ich einen anderen Rufnamen wählen können, aber ich wollte einen Namen mit Bezug zu meinem Lieblingssport und fand, dass der Name »Anelka« gut zu meiner kleinen, agilen jungen Dame passte. Und das »a« am Wortende deutete schlüssig auf ein Weibchen – sollte das die Ursache sein für die Aggressionen des französischen Anelka? Fand er vielleicht, man nahm ihn nicht ernst genug? Spaß beiseite, ich rufe meinen Hund gerne bei seinem Namen …

Während der WM hatte ich einige Male tatsächlich das große Vergnügen, mit Franz Beckenbauer zusammenzuarbeiten. Auch nach den Anelka-Vorfällen. Er begrüßte das ganze Team sehr freundlich, wie es seine Art eben ist, dann fiel sein Blick auf meine kleine Kromfohrländer-Hündin, die aufmerksam die Ohren spitzte, dann auf mich. Mit leiser Stimme und in seinem unverwechselbaren Bayerisch sagte er: »Mei, Jessica, willst jetzt du net dem armen Hund aan anderen Namen geben?«

Er hatte wieder einmal den Nagel auf den Kopf getroffen. Mir war es damals aber auch wirklich unangenehm, dass sich »Anelka« in Südafrika so danebenbenommen hatte.

Das Gute an der Geschichte: Irgendwann glätteten sich die Wogen wieder, und Anelka behielt natürlich ihren Namen. Als wir unlängst im Englischen Garten spazieren waren, spielte sie mit einem schwarzen Labrador. Als sein Besitzer nach »Zidane« rief, musste ich lachen und bat ihn, die beiden doch noch kurz herumtollen zu lassen. »Sie ist immerhin Anelka, er ist Zidane, diesen beiden großen Franzosen sollten wir ihre Zeit lassen …«

Meine Anelka war übrigens auch dabei, als ihr Namensvetter damals im Champions-League-Finale 2008 zwischen Chelsea und Manchester den entscheidenden Elfmeter verschoss, weswegen Michael Ballack für immer ohne großen Titel bleiben sollte. Ich bin mir nicht ganz sicher, aber ich glaube, sie hat sich die Pfote vor die

Augen gelegt beim Antritt des Stürmers Anelka. Mittlerweile spielt Anelka in Italien, und seine Karriere geht dem Ende entgegen. Den Titel als »kumuliert teuerster Spieler aller Zeiten« musste er an Zlatan Ibrahimović abtreten, aber meine kleine Anelka bleibt für immer das süßeste Vierbein der Welt. Die Eskapaden ihres Namensvetters haben sich Gott sei Dank nie auf ihr wunderbares Hunde-Karma ausgewirkt.

Der Heiratsantrag

Im italienischen Fernsehen hat jüngst der Sportdirektor von Paris St. Germain, Leonardo, seiner Angebeteten einen Heiratsantrag live im Fernsehen gemacht. Er war nach der Champions-League-Auslosung für das Viertelfinale ins Sky-Studio nach Mailand geschaltet, und als das offizielle Interview zu Ende ging, sagte Leonardo plötzlich: »Darf ich jetzt auch eine Frage stellen?«

Die Moderatorin Anna stutzte kurz, Leonardo zögerte nicht lange: »Möchtest du mich heiraten?«

Sie lachte verlegen, wollte ihn vertrösten. »Lass uns bitte zu Hause darüber sprechen.«

»Warum, das kann doch nicht so schwierig sein?«

»Bitte, ich möchte darüber zu Hause sprechen. Danke.«

»Ja oder nein, das kann doch nicht so schwer sein.«

»Danke, danke.«

»Wir haben Barcelona als Gegner bekommen, jetzt kannst du doch auch ja sagen!«

»Gut, ja, danke«, wimmelte sie ihn schließlich ab.

Er nahm es als »ja« und schob noch hinterher: »Aber wir heiraten gleich zweimal, einmal in Mailand und einmal in Brasilien.«

So ein Live-Heiratsantrag ist mir zwar noch nicht passiert, aber ich muss gestehen: Auch mir hat ein Fußballspieler schon mal diese Frage gestellt. Ich werde nicht verraten, wer es war – denn ganz ernst gemeint hat er es sicherlich nicht. Überhaupt glauben bestimmt viele, dass der Job für mich doch ein Schlaraffenland sein müsse mit all den Kerlen und den durchtrainierten Wadeln. Mir ging es jedoch nie um die Kerle, immer um den Fußball, aber das wissen Sie ja schon.

Ich kenne Kolleginnen, die mit Fußballern »engeren Kontakt«

hatten und dann (beinahe) öffentlich bloßgestellt wurden. Der Ex-Wolfsburg-Profi Pablo Thiam und seine Frau, eine ehemalige Journalistin, haben sich beispielsweise über den Job kennengelernt, den sie dann aber an den Nagel hängen musste. Die Ehe hat allerdings nicht allzu lange gehalten, man muss es sich also gut überlegen!

In Italien oder Spanien gilt es als normal, wenn Sport-Fernseh-Sternchen mit Fußballern liiert sind, doch als Journalistin plädiere ich eigentlich für eine gewisse Distanz. Allerdings will ich nicht den Moralapostel spielen. Wenn Amor zuschlägt, ist ja bekanntlich kein Kraut dagegen gewachsen.

Dennoch, der schlimmste Alptraum bestand für mich immer in der Vorstellung: Ich stehe auf dem Trainingsgelände als Beobachterin, der Mannschaftsbus kommt an – und einer der Jungs deutet aus dem Bus mit dem Finger auf mich und sagt: »Guckt mal, mit der da unten hatte ich auch schon mal was.« Das wollte ich immer vermeiden, das wäre mir schrecklich peinlich.

Mittlerweile könnte ich ja von vielen auch schon die Mutti sein, da stellt sich diese Frage sowieso nicht mehr. Und die Zeiten, als mir noch Telefonnummern zugesteckt wurden, sind nun einmal vorbei. Das ist das Tolle am Älterwerden: Auf so mancher Hochzeit muss man einfach nicht mehr tanzen. Und mir wäre ein nicht-öffentlicher Heiratsantrag sowieso viel lieber.

Der frühe Vogel
fängt noch lange keinen Wurm

Apropos Privatleben: Die WM 2006 war für mich auch privat ein einschneidendes Erlebnis. Zum einen, weil sich mit »Talk und Tore« beruflich viele Wünsche erfüllten, zum anderen, weil darauf leider privat die Trennung von meinem damaligen Lebensgefährten folgte, mit dem ich sechs wundervolle Jahre hatte verbringen dürfen.

Aus dem WM-Höhenflug wurde also eine beispiellose Bruchlandung. Auch wenn wir uns gemeinsam zur Trennung entschlossen hatten, so knabberte ich eine ganze Weile daran und musste mich erst auf die neue Situation einstellen.

Und dann hatte Premiere auch noch die Rechte an Arena verloren, wir sendeten nur noch für eine homöopathisch gering dosierte Anzahl an Zuschauern. Immerhin hatten wir noch Jobs, das sollte sich ja dann später bei der Arena-Pleite für die Kollegen nicht so angenehm gestalten, aber unsere Sichtbarkeit lag quasi bei null. Wir fanden einfach nicht mehr statt.

Der damalige Senderchef Georg Kofler hatte sich verzockt. Zwar hatte er in den Rechteverhandlungen mehr geboten als die Konkurrenz, aber er hatte unbedingt die »Sportschau« kippen wollen. Das wollten allerdings weder die Deutsche Fußball-Liga noch die Entscheider in der Politik. Brot und Spiele, das Prinzip besteht seit Jahrtausenden.

Dass in Deutschland dank der Rundfunkgebühren ohnehin ein Zwangs-Pay-TV-System herrscht, dämmerte den meisten Zuschauern erst wieder bei der Erhöhung der Gebühren. Dennoch hielt die DFL bis zum Ende den Kontakt zu Kofler und wollte ihm noch am Vorabend der Rechtevergabe eine neue Brücke bauen – aber die Fronten bei Premiere waren wohl so verhärtet, dass der Sender kurz darauf nur noch über die IP-TV-Rechte verfügte. Immerhin konnten wir, dank dieses Schlupflochs, weiter arbeiten und infolge eines Deals mit der Telekom einen neuen Verbreitungsweg nutzen, aber unsere Zuschauerzahlen waren so gering, dass man vermutlich jeden Abonnenten hätte einzeln begrüßen können.

Und so suchte ich nach einer Möglichkeit, nicht völlig in der Versenkung zu verschwinden. Die bot sich mir beim Nachrichtenfernsehen. Ich heuerte bei n-tv in Köln an. Zunächst bekam ich die dreistündige Mittagsschicht, sechsmal sollte ich den Sportblock präsentieren, alle halbe Stunde für circa zwei bis drei Minuten. Eine durchaus überschaubare Aufgabe, die sich aber schnell ausweiten sollte. Der große Unterschied zwischen den Sky-Übertragungen und dem Nachrichtenfernsehen besteht darin, dass die News systembasiertes Fernsehen machen. Alle arbeiten in einem Computersystem, das den Ablauf vorgibt und in dem man sich auch die Grafiken selbst bauen kann, die Texte selbst in den Teleprompter schreibt und sogar kleine Beiträge schneiden kann.

Doch die Live-Übertragung eines Fußballspiels braucht nun einmal eine Vielzahl von Mitarbeitern, die die Sendung gemeinsam fahren: für den redaktionellen Part einen Chef vom Dienst, einen Ablaufredakteur, einen Bildregisseur, verschiedene MAZ-Operatoren. Im News-Bereich wäre das viel zu aufwendig – und auch viel zu kostenintensiv für die Masse an Programm, die dort gefüllt werden muss.

Mir hat die News-Erfahrung riesigen Spaß bereitet, auch wenn ich am Anfang noch ziemlich viel verbockt habe. Besonders schwierig gestaltete es sich für mich, immer die Zeiten einzuhalten. Die Sportredaktion befand sich in einem Großraumbüro, aber ganz hinten links. Von dort bis ins Studio waren es circa fünfzig bis sechzig Meter, außerdem musste man durch drei schwere Türen.

Manchmal vergaß ich die Zeit und stellte erst eine Minute vor meinem Auftritt fest, dass ich gleich dran war – und dann sah man einen kleinen Blitz durchs Studio flitzen.

Die Nachrichtenmoderatoren, allen voran Christoph Teuner, lachten immer sehr, wenn Frau Kastrop wieder einmal zu spät dran war, was zugegebenermaßen viel zu oft vorkam. Ein dickes »Sorry« nachträglich. Entweder rannte ich dann live noch schnell ins Bild, oder die Nachrichtenkollegen mussten meine Texte aus dem Teleprompter spontan vorlesen.

Da aber bei einem solchen Sendebetrieb recht oft kleine Pannen passieren, musste ich mir keine großen Gedanken machen. Die Gagen waren auch nicht gerade üppig, also beschloss ich, dass weiterhin meine Freude an der Arbeit im Vordergrund stehen sollte. Und ich mochte diese Zeit auch wirklich sehr, denke mit Freuden an die Kollegen zurück – das Einzige, was mir wirklich alles verleidet hat, waren die Frühschichten.

Ich bewundere die Moderatoren der Morgenmagazine, denn für mich gilt: Mein Biorhythmus macht solche Uhrzeiten nur sehr bedingt mit. Eine Zeitlang musste ich um vier Uhr aufstehen und um fünf Uhr in der Maske sitzen. Noch einmal: Ich weiß, es gibt viele Menschen, die weitaus mehr leisten und härtere Jobs machen und die auch noch früher aufstehen. Ihnen gilt mein ganzer Respekt!

Es fiel mir um diese Uhrzeit jedenfalls wahnsinnig schwer, mich zu konzentrieren. Ich wurde einfach nicht wach. Ich bemühte mich, spätestens um neun im Bett zu liegen, aber selbst dann blieb es schwierig. Die Buchstaben auf dem Teleprompter waren verschwommen, ich konnte die Wörter nur mit Mühe entziffern. Und dann sollte der Zuschauer am Bildschirm auch noch Spaß haben! Hilfe! Meiner Ansicht nach ein fast aussichtsloses Unterfangen. Vor kurzem habe ich mich länger mit Sven Lorig unterhalten, der das Morgenmagazin in der ARD moderiert, und der geht wirklich um acht Uhr abends ins Bett, wenn er am nächsten Tag

Dienst hat. Anders funktioniert es nicht. Zwei Jahre später habe ich den Job wieder an den Nagel gehängt. Arena hatte aufgegeben, schon nach einer Saison, und beide Jobs waren zeitlich nicht mehr unter einen Hut zu bringen. Der frühe Vogel fängt nicht immer einen Wurm.

Good guy, bad guy

Eine der wichtigsten Regeln bei Interviewfragen lautet: Antizipiere die Antworten, so gut es eben geht. Und sollte die wahrscheinlichste Antwort gähnend langweilig und zum Phrasenschweinbefüllen sein – dann stell eine andere Frage. Hätte man einen Ewald Lienen in seiner Hochphase gefragt, was der Grund für die Niederlage war, so hätte er vermutlich geantwortet: »Weil die anderen ein Tor mehr geschossen haben.«

Mittlerweile haben die meisten Fußballer und auch Trainer gelernt, sich zu verkaufen. Was machen viele Trainer direkt nach dem Spiel? Sie gehen vor dem ersten Interview in die Kabine. So manch einer raucht eine Zigarette, kommt erst danach wieder raus und hat sich in der Zwischenzeit ein Statement überlegt. Erik Gerets zum Beispiel, der früher einmal unter anderem Trainer beim 1. FC Kaiserslautern war, antwortete erst gar nicht auf die gestellte Frage, sondern sagte, was er dem Publikum als Botschaft mit auf den Weg geben wollte. Lautete die Frage: »Warum konnte die Mannschaft nicht umsetzen, was Sie ihr mitgegeben haben?«, gab er beispielsweise zur Antwort: »Ich bin stolz auf die Leistung des Teams ...« Und da ist er nicht der Einzige.

Wahrer Meister des Sarkasmus war Hans Meyer, der mit Nürnberg 2007 den DFB-Pokal gewann und Borussia Mönchengladbach zweimal vor dem Abstieg rettete. Legendär sein Eingangssatz: »Gehen Sie davon aus, junger Mann« oder wahlweise »Gehen Sie davon aus, junge Frau«, an den er gerne sein Postulat anhängte, das bei ihm aber freiweg formuliert wurde, wie es ihm in den Sinn kam ... Als er einmal nach der Reaktion der Spieler auf seine Vertragsverlängerung befragt wurde, antwortete er: »Viele waren bestürzt, einige haben geweint.«

Manchmal vermisse ich diese Interviewpartner aus alten Zeiten, bei denen wir uns als Reporter noch anstrengen mussten. Heutzutage sind die Spieler und Trainer so freundlich und medial geschult, dass sie im Grunde genommen jede noch so irrwitzige Frage anstandslos hinnehmen und dann auch noch anständig antworten können. Früher hätte ich mir diesen Gehorsam meines Gegenübers gewünscht, heute mag ich Spieler, die sich auch mal trauen, im Interview Widerstand zu leisten. Spieler, die eben nicht nur angepasste Antworten auf ebenso angepasste Fragen geben.

Manchmal scheitern die Versuche, den Interviewpartner gebührend bei sich »abzuholen«, was ich auch verstehen kann. Es kommt ja auch immer auf die Situation an, in der sich der jeweilige Gesprächspartner gerade befindet. Wer soeben eine 0:5-Klatsche kassiert hat, braucht eben ein Interview so nötig wie ein Loch im Kopf, darüber gibt es, glaube ich, keine geteilten Meinungen. Jedem, der sich in so einer Situation ans Mikrofon stellt, gebührt mein voller Respekt für diesen oft auch noch live übertragenen Gang nach Canossa.

Einmal musste ich Matthias Abel interviewen. Er war gerade nach langer Verletzung wieder fit und von Mainz zurück zu seinem Heimatclub Kaiserslautern gewechselt. Kaum im Spiel, fabrizierte er auf dem Betzenberg bei seinem ersten Einsatz ein Eigentor. Und ihn, den mit weitem Abstand größten Pechvogel des Spieltags, musste ich danach befragen. Ich hasse diese Situationen, weil ich es nicht mag, in offenen Wunden herumzustochern.

Dieses Interview wurde danach in der Konferenz kritisiert, weil ich mich nicht nach seinem Gemütszustand erkundigt hatte. Noch heute denke ich: Liebe Freunde, mal ehrlich, der Mann hat sich gerade die goldene Ehrennadel für den dämlichsten Auftritt des Tages verdient – wie um Himmels willen fühlt der sich wohl? Ist das nicht glasklar, soll ich das wirklich aus so einem armen Kerl herauskitzeln? Diese Form von Seelenstrip überlasse ich gerne den täglichen Talkshows, auch wenn die überraschenderweise ausgestorben sind.

Eigentümlich waren für mich immer meine Interviews mit Mario Basler, denn er kommt aus »meiner Ecke«, ist auch Pfälzer – und ist nun wirklich nicht auf den Mund gefallen. So einer wie er, so ein Typ Spieler, ist mittlerweile ausgestorben. Einer wie er heute in der Nationalmannschaft? Undenkbar. Zum Glück führte ich meine Interviews damals noch für die Zeitung, sonst hätte man sie manchmal untertiteln müssen ...

Der Letzte seiner Art war Michael Ballack, aber seit er seine Karriere beendet hat, finde ich, fehlt der Bundesliga etwas.

Oder können Sie sich an das verdutzte Gesicht von Tom Bartels erinnern, als er im Auftrag von Premiere Oliver Kahn nach dem 0:2 am 1. November 2003 auf Schalke befragte und dieser sagte: »Eier, wir brauchen Eier. Und Sie wissen, was das heißt.«

Solche Momente sind rar in der Interviewgeschichte und verzeichnen deshalb immer noch Millionen Klicks auf YouTube. Dieses interessante Tête-à-Tête zwischen Kahn und Bartels lief auch bei Stefan Raab rauf und runter.

Ich habe mal nachgerechnet: Mittlerweile habe ich an die 2000 TV-Interviews geführt, die meisten davon nach dem Spiel. Und ich kenne nur eine echte goldene Regel: dem Gegenüber ins Gesicht schauen. Das klingt banal, bringt aber wahnsinnig viel. Denn wir haben nicht mehr als ein Zeitfenster von wenigen Sekunden, um die exakte Stimmung unseres Interviewpartners auszuloten und uns in seine Gedanken hineinzufinden. Es bringt doch viel mehr, direkt darüber zu reden, was den Spieler bewegt, als erst einmal Allgemeinplätze abzufragen. Wenn ich sehe, dass sich ein Spieler ärgert und ich eine Vermutung habe, warum, spreche ich ihn – bevor wir on air gehen – kurz darauf an. Dann kann er direkt am

Mikro Dampf ablassen. Und das wollen wir doch viel eher hören als weichgespülte Plattitüden.

Anfänglich ging allerdings auch eine Menge daneben ... Was meine dämlichste Frage aller Zeiten war? Kann ich leider ganz genau beantworten. Saison 1998/99, die Bayern spielten ihr letztes Saisonspiel in Duisburg und mussten gewinnen, wenn sie noch Meister werden wollten. Parallel dazu in einem anderen Fußballuniversum ...

Carsten Jancker stand nach der Partie vor der muffeligen Duisburger Turnhalle, in der damals die Pressekonferenz abgehalten wurde. Er wollte sich übel gelaunt Richtung Mannschaftsbus entfernen, als ihn die Reportermeute aufhielt, darunter ich. Mit todernster Miene brach es aus mir heraus: »Wieso haben Sie denn Ihre beiden Chancen nicht reingemacht, Carsten?« Autsch. Nein, dämlicher geht es nicht. Ich gebe es ja zu.

Und Carsten Jancker, der sich gerade mit der Vizemeisterschaft hatte zufriedengeben müssen, reagierte prompt: »Was soll denn so eine blöde Frage?«, sagte er bissig und stapfte davon. Kaum war mir die Frage über die Lippen, tat es mir auch schon leid. Und doch hat er sich zwei Tage später sogar bei mir entschuldigt, was nun wirklich nicht nötig gewesen wäre. Seither bemühe ich mich aber, die Dummheit meiner Fragen in engen Grenzen zu halten, genauer: am unteren Limit.

In früheren Zeiten hatten gerade die Trainer aus der ehemaligen DDR den Ruf, mit besonderem Geschick bei uns Reportern Angst und Schrecken zu verbreiten. Eduard Geyer konnte regelrecht an die Decke gehen, wenn ihm die Formulierung seines Journalisten-Gegenübers nicht in den Kram passte. Und Petrik Sander drohte damit, das Studio zu verlassen, nachdem wir eine Foulszene seines Spielers Kevin McKenna gezeigt hatten. Er hatte Angst, dass dieser wichtige Abwehrspieler nachträglich gesperrt werden würde (was dann auch passierte), und ging wütend, ja launisch auf Konfrontationskurs. Wir schafften das einige Tage später in einem längeren Telefonat aus der Welt. Das bekommen die Zuschauer ja nicht mehr mit, wie häufig wir uns auch nach einem Interview noch mit den Trainern oder Spielern in Verbindung setzen und ein wirklich klärendes Gespräch nachreichen.

Auf St. Pauli geriet ich vor einigen Jahren in eine kuriose Situation. St. Pauli spielte gegen Wolfsburg, wo Dieter Hoeneß zu dem Zeitpunkt Manager war. Hoeneß stand bereits am Moderationstisch und war verkabelt, so dass er einen Beitrag über Wolfsburg mitschauen und auch mit anhören konnte. Leider gefiel ihm nicht, was er da sah – und so zog er sich plötzlich die Technik wieder aus dem Ohr und war – schwups – verschwunden. Ein Interview ohne Interviewgast lässt sich schwerlich führen. Was man da tun kann? Nun, der Kommentator musste an dem Tag etwas früher anfangen. Denn niemals dürfen wir uns Lücken in der Berichterstattung erlauben …

Kabinen-Geheimnisse

Eigentlich haben wir Reporter nichts im Allerheiligsten eines Clubs zu suchen. Die Kabine ist eine Tabuzone. Ich bin allerdings schon öfter dort gelandet, als mir lieb war ...

Was ist denn das Problem dabei, werden Sie fragen, schließlich träumt sich so mancher Fan in die Kabine seines Lieblingsvereins. Mein Problem: mein Rücken. Mittlerweile halte ich mich für stabil, aber mein erster Hexenschuss plagte mich bereits im zarten Alter von 19 Jahren. Und so zogen sich nicht nur diverse Kopfschüsse durch meine sportjournalistische Laufbahn, sondern auch Rücken-schmerzen.

Einen Bandscheibenvorfall habe ich mir im Hotel in Hannover zu-gezogen, als ich auf dem frisch gebohnerten Boden ausrutschte und versuchte, mein Gepäck auszubalancieren. Der erste Arzt riet mir zur sofortigen Operation, der zweite, den ich konsultierte, riet mir davon ab, und der dritte behielt die Nerven, wollte erst abwarten und nach einer Therapie entscheiden.

Das war der Mannschaftsarzt des TSV 1860 München, Dr. Willi Widenmayer. Er entwickelte sich mit den Jahren zu meinem Ver-trauensarzt. Liebevoll nenne ich ihn gerne »Spritzen-Willi«, weil niemand besser Rückenschmerzen behandelt als er. Und auch nie-mand so gut Spritzen setzt. Ich kenne allerdings auch niemanden, der es bei ihm schafft, ohne Injektion aus dem Behandlungszimmer zu kommen ...

Nur leider konnte ich Spritzen-Willi nicht immer mitnehmen. Im Dezember 2007 spielte Borussia Mönchengladbach beim SC Freiburg. Ich sollte die Sendung moderieren, doch es kündigten sich wieder massive Schmerzen im Lendenwirbelbereich an. Ich bat den Pressesprecher der Borussia um Hilfe, da ich Angst hatte, mitten in der Live-Sendung einfach umzukippen. Damals wusste ich ja noch nicht, dass ich sogar fliegenden Bällen trotzen kann.

Der Mannschaftsarzt führte mich in die geräumige Gästekabine im Freiburger Stadion. In den großen Spinden hingen die Trikots fein säuberlich aufgereiht, auf einem Tisch in der Mitte lag ein Berg Bananen und Eiweißriegel. Ich legte mich auf eine kleine Pritsche, dann rückte mir der Physiotherapeut drei Wirbel zurecht. Ich war erleichtert, bedankte mich, atmete tief durch und ging zurück zu meinem Moderationspult.

So weit zu Besuchen in der Mannschaftskabine, ich verbinde sie immer mit körperlichen Schmerzen. Wissen Sie jetzt, woher meine Aversion rührt? Ach ja, die Sendung verlief ohne Zwischenfälle.

Nur zwei Tage später gastierte der VfB Stuttgart in der Gruppenphase der Champions League beim FC Barcelona. Es gab für die Schwaben nichts zu gewinnen, sie hatten bereits vier Niederlagen kassiert, und ihr Ausscheiden stand bereits fest. Doch immerhin waren sie amtierender Deutscher Meister, und ich begleitete die Mannschaft, die damals von Armin Veh trainiert wurde, um Interviews zu führen.

Schon auf dem Hinflug plagten mich weiter höllische Schmerzen. Jede Bewegung fühlte sich an, als würde mir jemand ein Küchenmesser in den unteren Rücken rammen. Als wir die Avenida Diagonal auf dem Weg ins Stadion hinunterfuhren, wurde mir beinahe schwarz vor Augen.

Erst beim Anblick des Camp Nou vergingen mir kurzzeitig die Schmerzen. Majestätisch liegt das größte Stadion Europas neben einem kleinen Park, es wirkt ein wenig düster und ein Stückchen kleiner, als es tatsächlich ist. Die dunklen Steine lassen von außen kaum erahnen, was für eine Fußballarena sich im Inneren verbirgt. Es gibt wohl keinen Katalanen, der nicht hineinwill, doch die Wartezeit für eine Dauerkarte beträgt ungefähr vierzig Jahre. Bereits 1957 wurde das Camp Nou, das neue Stadion, eingeweiht, mit einem Spiel gegen Legia Warschau. Barça gewann 4:2.

Das Vereinsmotto lautet: »Barça, més que un club« – mehr als ein Club. Der Verein hatte als Symbol des katalanischen Unabhängigkeitswillens unter dem Franco-Regime heftig gelitten. Vielleicht konnte sich der Fußball deshalb so hervorragend entwickeln, weil der Verein für Freiheit steht.

Für mich aber gab es an jenem Winterabend nur eins: Schmerzen. Ich saß fröstelnd am Spielfeldrand und konnte die Partie nicht recht genießen. Dann verschwand nach dem Spiel Armin Veh in der Kabine (wie er das übrigens nach beinahe allen Partien macht), und ich sah Sternchen. Als der Trainer am Ende doch noch auf mich zukam, musterte er mich besorgt. »Geht es Ihnen nicht gut?«, fragte er.

Ich bejahte, wollte aber erst das Interview führen. Als wir fertig waren, schickte er seinen Mannschaftsarzt zu mir. Mir war mittlerweile alles egal, ich hatte keine Ahnung, wie ich überhaupt noch ins Hotel, geschweige denn am nächsten Tag in den Flieger kommen sollte. Auf einer Schmerzskala von eins bis zehn lag ich bei einer gefühlten Elf.

Der Vereinsarzt des VfB, Dr. Raymond Best, ist Oberarzt an der Sportklinik Stuttgart, Sektion Knie, Sprunggelenk und Sportorthopädie. Für mich hätte er an dem Tag auch Hals-Nasen-Ohren-Arzt sein können, Hauptsache, er linderte meine Schmerzen. Doch wo sollte er mich behandeln? Mitten im altehrwürdigen Stadion Camp Nou. In der Mannschaftskabine? Die war noch voll besetzt nach dem Spiel. Im Presseraum? Wohl kaum. Offen stand nur die Tür zum Doping-Testraum.

Wir schlüpften hinein, der große Tisch wurde kurzerhand zur Liege umfunktioniert. Erst renkte mir Dr. Best mit einem beherzten Ruck die herausgesprungenen Wirbel wieder ein. Dann zog er kräftig an meinem linken Bein, um mein Illiosakralgelenk wieder in Position zu bringen. Mittlerweile war der Mannschaftsbus schon bereit zur Abfahrt, und Best wurde vermisst. Er setzte mir abschließend noch eine Spritze in den Allerwertesten, die vermutlich auch einen ausgewachsenen Bullen betäubt hätte – doch er machte seinem Namen wirklich alle Ehre. Mir ging es schlagartig besser. Da platzte aufgeregt schwäbisch babbelnd der Pressesprecher in den Raum: »Kumm, mir müsset los! Die warte all schon!« Mein Dank verhallte ungehört im Doping-Raum.

Doch ich wollte über Spielerkabinen schreiben, nicht über umfunktionierte Doping-Räume. Was mir immer auffiel, war die unglaubliche Ordnung in den Kabinen. Die Trikots werden vom Zeugwart in numerischer Reihenfolge aufgehängt. Zugegeben: So gepflegt sieht es in meinem Kleiderschrank definitiv nicht aus.

Telefonieren ist in der Kabine eigentlich immer verboten. Sir Alex Ferguson soll aber in der Kabine einen Schuh nach David Beckham geworfen haben. Ribéry und Robben sind dort schon tätlich aneinandergeraten. Und es wird viel Schabernack getrieben. Beim FC Bayern München werden zum Beispiel Modesünden von den Spielern direkt geahndet. »Das entsprechende Kleidungsstück hing dann auch schon mal nach dem Training direkt mitten in der Bayern-Kabine«, erzählt der ehemalige Bayern-Stürmer Mario Gomez. Für den Rest der Mannschaft war's eine große Gaudi.

Als Lukas Podolski noch beim 1. FC Köln spielte, durfte ich vor einer Partie mal ins Allerheiligste des FC vordringen. Und was gab es zu entdecken? Podolski trug Schienbeinschoner mit dem Kölner Stadtwappen drauf! Na, wenn das keine eschte kölsche Jung ist …

Teil fünf:

Wichtig is auf'm Platz

Zieh sofort dieses Kleid aus!

Klamotten beim Fernsehen haben so ihre Tücken. Was im echten Leben gut aussieht, kann vor der Kamera fürchterlich wirken. Die Problematik besteht auch darin, dass Fernsehen dick macht. Dem ist leider so. Die Engländer sagen: »TV adds ten pounds«, also: Fernsehen trägt fünf Kilo auf, und die Briten haben dummerweise recht. Wenn dann noch ein Zuschauer auf seinem Gerät aus einem 4:3- ein 16:9-Bild macht, wirkt sogar Kate Moss plötzlich wohlgenährt. Ich bin tatsächlich schon im Supermarkt darauf angesprochen worden: »Also, Sie sehen ja viel schlanker aus als im Fernsehen!« Auch wenn's gut gemeint ist, die Botschaft kommt an, und Sie wissen ja aus meiner Vorgeschichte, dass ich in dem Punkt empfindlich bin: »Auf'm Schirm sehen Sie viel fetter aus!« Großartig! Und in HD wirken Krähenfüße wie Gletscherspalten, sehen Rasierpickel bei Männern aus wie riesige Eiterbeulen. Das Fernsehen verzeiht leider sehr wenig. Mit Glück bekommt man gutes Licht, das überstrahlt die Augenringe einfach.

Als »ran« auf Sat.1 1992 auf Sendung ging, trug Reinhold Beckmann in der ersten Sendung eine rote Jeansjacke. Dieses modische Statement wurde danach äußerst kontrovers diskutiert, viel kontroverser als seine Moderation oder die inhaltliche Präsentation. Warum auch? Fernsehen hat einfach viel mit Sehgewohnheiten zu tun, und eine optische Veränderung fällt nun einmal am meisten auf. Oder anders ausgedrückt: Wenn nur die Krawatte eines Moderators schief sitzt, kann sich der Zuschauer, sobald er es bemerkt, auf nichts anderes mehr konzentrieren. Wie bei Loriot und dem Sketch mit der Nudel.

Manche Nachrichtensprecherinnen sind mittlerweile so hübsch, dass ich gar nicht mehr darauf höre, was sie sagen, weil ich ihre exzellent geschnittenen Gesichter, ihre makellosen Wangenknochen, ihre großen Augen und ihren famosen Augenaufschlag bewundere. Bei n-tv oder n24 habe ich zumindest das Glück, dass die News alle halbe Stunde wiederholt werden. Manchmal bekomme ich dann doch ein bisschen davon mit, was in der Welt geschieht, ohne mich zu fragen, ob mir diese Lippenstiftfarbe stehen würde.

Das Outfit bei meiner ersten Bundesliga-Sendung war sicherlich gewöhnungsbedürftig. Ich kam gerade aus meiner damaligen Wahlheimat Mailand, es war brütend heiß auch in Deutschland, und ich war braun gebrannt. In Italien sehen die Frauen im Fernsehen ein wenig anders aus als in Deutschland, und im Sommer wird tatsächlich gern mal im Bikini moderiert. Selbst beim Sport sahen die Kolleginnen eher aus wie Showgirls, und aus einem mir bis heute unerfindlichen Grund habe ich mich durch Anschauung verleiten lassen zu einem sehr fragwürdigen Kleid. Ich hatte keine Stylistin, die sich um meine Outfits kümmerte, ich musste alles selbst aussuchen. Locker könnte ich eine Top Ten meiner peinlichsten Outfits aufstellen, wahrscheinlich würde ich knapp 50 finden, mit denen ich heute nicht mehr vor die Kamera treten würde. Gut, das mag auch etwas mit der jeweiligen Mode zu tun haben, aber meine optischen Verfehlungen füllen Bände. Mir ging der Inhalt eben schon immer über die Form, das ist bei der neuen Generation heute sicherlich anders.

Mein damaliger Freund, ein stilechter Italiener aus Varese, bestach durch herausragenden Geschmack und ausgesucht schicke Kleidung. Er verstand sich aufs Kombinieren und war immer dem Anlass entsprechend angezogen. Als Norditaliener konnte er auch einen lilafarbenen Samtanzug tragen, ohne dass es in irgendeiner Form bizarr gewirkt hätte.

Allerdings fuhr Silvio kurz vor meiner ersten Bundesliga-Sendung zum Golfurlaub mit seinen Kumpels nach Irland, statt mich zu unterstützen. Ehrlich gesagt, er rief mich vor dem bis dato wichtigsten Auftritt meiner Karriere nachts um drei betrunken an, ließ aus unerfindlichen Gründen seinem italienischen Temperament freien Lauf und brach einen furchtbaren Streit vom Zaun. Leider vermute ich, dass er mir die Aufmerksamkeit an diesem Tag im Grunde seines Herzens doch nicht gönnte. Also bekam ich nur wenig Schlaf, war verwirrt, todtraurig – und musste funktionieren. Manchmal ist es nicht so einfach, zu lächeln und gute Laune zu verbreiten, wenn einem einfach nur zum Heulen zumute ist. Kurzum: Es gab also niemanden, der mir bei der Kleiderwahl hätte helfen können, niemanden, der mich zum Sender fuhr oder der danach mit Blumen auf mich wartete. Bis heute ist das ein Traum geblieben. Noch nie wurde ich abgeholt nach einer Sendung, und noch nie brachte mir der Mann meines Herzens Blumen nach einem gelungenen Auftritt. Aber vielleicht muss ich weiter geduldig warten …

Und so fuhr ich an diesem Samstagmorgen nach Ismaning im Norden Münchens ins Studio, übermüdet und ein bisschen nervös, aber dann auch voller Vorfreude auf die Aufgabe.

Mein Kleid hatte breite Träger und einen etwas gewagten Ausschnitt, zu einer Abendshow war es wohl eher passend als zu einer Sportsendung am Nachmittag. Ich kann im Nachhinein nicht mehr wirklich verstehen, warum ich dieses Outfit unbedingt tragen wollte, aber niemand hatte versucht, mich daran zu hindern. Ich habe mich in der Sendung einigermaßen wacker geschlagen, in der Fußballsprache würde man vermutlich von einem Arbeitssieg sprechen.

Mit meiner Leistung war ich gar nicht so unzufrieden, wusste ich doch, dass mir eine Menge Schlaf gefehlt hatte an diesem Tag. Andererseits sollte sich der Inhalt der Sendung als komplette Nebensache herausstellen, da sich alle Kritik auf das Outfit konzentrierte. Die »Bild« schrieb zwar: »Die Moderatorin glänzte in ihrem blauen Kleid«, aber andere fanden deutlichere Worte …

Aus dem Türkis in der Realität wurde im Fernsehen ein gruseliges Himmelblau, das sich beinahe auflöste vor unserer blauen Kulisse. Außerdem glänzte es wie die ballonseidenen Trainingsanzüge von Ivan Lendl. Gut, ich gebe zu, die Wahl dieses Fummels war ungefähr so passend wie ein Brautkleid beim Rock-am-Ring-Festival. Mein damaliger »Leiter der Sendung« (so nennen wir denjenigen, der redaktionell die Sendung gestaltet und auch verantwortet) Carsten Cassing hat mir erst viel später erzählt, dass der Bundesligachef schon während der Übertragung hyperventilierend angerufen und in den Hörer gebrüllt hatte: »Die soll sofort dieses Kleid ausziehen! Die soll sich was anderes anziehen! Sofort!!!«

Doch diese Ansage drang nicht bis zu mir durch, Carsten Cassing hat mich freundlicherweise davor geschützt. Ich habe Fernsehchefs erlebt, die Moderatoren während der laufenden Übertragung wegen einzelner sprachlicher Mängel regelrecht zusammengefaltet haben. Einmal, so sagt es die Legende, stand ein berühmter TV-Manager im Übertragungswagen und wollte während der Champions League dem Moderator noch weitere Instruktionen geben. Er drückte anstatt auf die Sprechtaste auf ein metallenes Teil im Regiepult. Daraufhin sagte der Leiter der Sendung trocken zu dem Fernsehmacher: »Das funktioniert nicht. Das ist eine Schraube.«

Hysterisch brüllte der Angesprochene zurück in seinem österreichischen Idiom: »Dös is ma wurscht, donn mochen's, dass dös funktioniert!«

Das türkisfarbene Kleid habe ich nie wieder angezogen. Es fristet sein Dasein mittlerweile in einer Kiste in meinem Keller. Ich werde es behalten oder vielleicht einmal für einen guten Zweck versteigern.

Hinter den Kulissen

Nein, Fernsehen ist wirklich nicht immer glamourös. Wer glaubt, dass sich eine Armada von Menschen um die Moderatoren schare, ihnen mit Palmwedeln Luft zufächere oder dass kleine gebratene Tauben mit Sky-Aufdruck durch unsere Studiogänge flögen, der sieht sich nachhaltig getäuscht. Ich werde oft gefragt, wie denn so ein Bundesligaalltag aussehe und vor allem: wer mir denn die Texte schreibe …

Hier an alle: Ich schreibe sie selbst. Ich spreche auch selbst. Ich habe mittlerweile zwanzig Jahre Erfahrung. Natürlich gibt es Dutzende von Unterhaltungsshows, die von vorne bis hinten »gescripted« sind, da sitzt jedes Wort und wurde vorher von leitenden Redakteuren abgenommen. Doch beim Live-Fernsehen – und gerade beim Live-Sport – funktioniert das nicht.

Wir sitzen schon montags zusammen und besprechen die Themen fürs Wochenende. Da werden Fragen aufgeworfen wie: Mit wem sprechen wir bei den Bayern? Mit wem bei den Dortmundern? Worüber machen wir einen kleinen Film, wozu gibt es eine Grafik?

Mit macht diese inhaltliche Arbeit sehr viel Spaß, ich bringe mich gerne auch schon in die Themenfindung vor der Sendung ein. Es bringt Freude, die Sendung entstehen zu sehen, sie später verbal mit Leben zu füllen. Ich schreibe meine Moderationen wortwörtlich auf, das machen nicht alle so, aber ich kenne es unter anderem auch von Jörg Wontorra. Andere Kollegen arbeiten mehr aus dem Stegreif, mit Stichpunkten. Manche mögen die Arbeit mit einem Teleprompter, andere haben kommentiert, sie fühlten sich dabei wie beim Vorlesewettbewerb in der Grundschule.

Für eine Übertragung aus dem Stadion müssen wir bereits drei

Stunden vor dem Spiel vor Ort sein. Zu Anfang dachte ich noch: Was für ein Irrsinn! Warum denn drei Stunden? Doch mit der Zeit habe ich gemerkt, dass ich diese drei Stunden tatsächlich brauche. Ich genieße die Muße in der Maske, allein das Schminken dauert circa eine Stunde, dazu kommt noch eine Viertelstunde Besprechung, eine halbe Stunde Probe ... Vermutlich musste der ein oder andere Leser jetzt kurz innehalten. Was? Eine Stunde in der Maske? Echt jetzt?

Es kann auch eineinhalb Stunden dauern. Zugegeben, früher ging's schneller, aber mittlerweile müssen mehr Restaurierungsarbeiten durchgeführt werden. Als ob das alles in einer halben Stunde zu schaffen wäre! Und dann noch die Haare ...

Mir gefällt diese Muße, ich brauche die Zeit, um in meine neue »Rolle« zu schlüpfen. Natürlich bin ich echt vor der Kamera, ich bin ich selbst, und doch brauche ich diesen Abstand, bei allem Interesse am Gesprächspartner und am Gegenstand. Dafür musste ich mir erst einmal professionelles Polster antrainieren, denn manchmal herrschen ja auch in meiner Seele die berühmten Graupelschauer statt des Sonnenscheins – und vor der Kamera muss ich trotzdem ein strahlendes Lächeln aufsetzen. In 99 Prozent der Fälle fällt mir das leicht, da ich meinen Beruf über alles liebe und gerne im Stadion bin. Trotzdem hilft die Maske, mich auch in die »Moderatorin« Jessica Kastrop zu verwandeln. Und ich genieße die letzte Ruhe vor dem Sturm. Maskenbildnerinnen sind Vertrauenspersonen, ich arbeite nur mit einem kleinen Kreis, aber das sind wundervolle Frauen, auf die ich mich zu 100 Prozent verlassen kann.

An Anfang war ich furchtbar unsicher und wusste nicht, wie ich geschminkt werden wollte. Ich hatte keine Vorstellung davon, wie ich gerne vor der Kamera aussehen wollte – oder vielmehr, wie ich hinterher rüberkommen wollte, auf dem Bildschirm der Zuschauer. Meine Mutter hatte mir immer eingebleut, mir stünden keine langen Haare, also trug ich eine Art Bob, der aber bei jedem Gang zum Friseur kürzer wurde. Und erst als ich die Make-up-Artistin Andrea Grobe kennenlernte, wurde mir bewusst, dass ein paar falsche Wimpern doch Wunder wirken.

Letzte Saison begann die Bundesliga-Sendung bei Premiere um 14.30 Uhr. Also saß ich schon um 9.30 Uhr in der Maske, es gab Kaffee, und wie so oft sprach ich mit Andrea, die mir ans Herz gewachsen ist, über das Leben, die Männer, über Beziehungsfragen und -probleme. Ich glaube, man findet auch im wahren Leben kaum diskretere Menschen als Maskenbildnerinnen …

Gegen 11 Uhr überarbeitete ich meine Texte, die erste Probe lief ab 12.15 Uhr. Danach gab es für alle Beteiligten, inklusive Regie, Kamera, etc., Catering – ein Essen, das interessanterweise jede Woche gleich schmeckt. Für mich ein wirklich großes Rätsel: Wie funktioniert das, dass Fisch und Fleisch sich geschmacklich so gut wie gar nicht voneinander unterscheiden? Und Wirsing und Blumenkohl auch nicht? Ich will dem Koch nicht zu nahe treten, ich mag ihn auch sehr, aber in Sachen geschmackliche Variation ist da noch Luft nach oben. Ja, Sie haben recht, es ist gut, dass ich Fernsehmoderatorin bin und keine Kochshow habe …

Um 14.30 startete unsere Übertragung. Doch davor kommt die sogenannte Signation, ein Vorspann, der genau zehn Sekunden dauert. Wie der Countdown vor einem Raketenstart … Der Leiter der Sendung sagt mir auf dem Knopf im Ohr: »Noch zehn!« Und bei »Sprechen!« geht es los für mich. Moderieren ist wie Fliegen, jedenfalls für mich. Das Wichtigste sind: Start und Landung. Wenn die erste Minute sitzt, kommt der Rest von ganz alleine. Außerdem sollte die Übergabe an die Kommentatoren fehlerfrei sein, das wäre dann im übertragenen Sinne die Landung.

Die Spiele schauen wir in einem großen Raum mit drei Sofas, einem Schreibtisch und sieben Fernsehern. Auf fünfen laufen dann die Einzelspiele, auf einem die Konferenz – und auf dem letzten Sky Sport News HD. Wir sitzen meistens zu viert dort, der Moderator, der Leiter der Sendung des sogenannten Vorlaufs, also der Stunde vor dem Spiel, der Leiter der Sendung von »Alle Spiele, alle Tore« (den Zusammenfassungen nach den Live-Spielen) und ein Kollege von »opta«, der für die Statistiken zuständig ist. Er gibt uns Informationen an die Hand, welcher Schütze wie viele Torschüsse abgegeben hat, wer wie oft im Abseits stand, wie oft diese oder jene Mannschaft eine Führung verschenkt hat, welche Pässe angekommen sind und vieles mehr. Diese Jungs sind wandelnde Lexika – mit einem Wunder-Tablet, das so gut wie jede Frage beantworten kann.

Manchmal ergibt es sich, dass wir in der Halbzeit über zehn Tore zeigen, als Moderator kommt man da kaum hinterher. An anderen Samstagen fallen kaum Treffer. Dann ist man froh, wenn man noch zu einem Reporterkollegen live in ein Stadion schalten kann.

In unserem Fernsehraum gibt es eine Sprechstelle, über die wir mit den Kollegen auf den Übertragungswägen in sämtlichen Stadien kommunizieren können, die wiederum den sofortigen Draht zum Kommentator und zum Field-Reporter haben. Wir können darüber auch schnell klären, ob der Konferenz- oder der Einzelspielkommentator bei sportlichen Differenzen recht hat. Bei kniffligen Schiedsrichterentscheidungen steht uns Dr. Markus Merk zur Seite, einer unserer Experten, den wir im Zweifelsfall am Telefon befragen können.

Kürzlich passierte uns eine – wie ich finde – sehr sympathische Grafikpanne: Normalerweise blenden wir während der Spiele auch in der Konferenz Fotos der jeweiligen Kommentatoren ein, damit sich die Zuschauer ein Bild zur Stimme machen können. Da steht dann zum Beispiel: Marco Hagemann – Kommentator. In der Europa League dachte ich nur: Kneif mich einer, stand das da gerade wirklich?

Irgendjemand hatte den Text unter dem Namen geändert.
Statt »Kommentator« stand da nun »sexiest man alive«. Wir mussten schallend lachen. Klar ist Martin Groß ein attraktiver Kerl, aber ist er wirklich der »sexiest man alive«? Die Bauchbinde schaffte es sofort in die »Bild«. Was für eine herrliche kleine Panne. Der Grafiker bekam in der Besprechung knallrote Ohren. Er stotterte beinahe, als er zugab, für einen privaten Hochzeitsfilm diese Bauchbinde eingesetzt zu haben. Der Bräutigam dürfte sich jedenfalls erheblich mehr gefreut haben als unsere Chefs.

Unser Sendetag endet um 18.30 Uhr, nach »Alle Spiele, alle Tore«. Wie lange es diese Sendung noch geben wird, ist ungewiss. Planungen sehen vor, die Programmstruktur grundlegend zu ändern. »Alle Spiele, alle Tore« hat ja nun den Vorteil, dass unsere »Sportschau« schon vorbei ist, bevor die andere mit der Bundesliga überhaupt angefangen hat.

Ich finde aber, die größte Herausforderung besteht am Samstagnachmittag darin, bei fünf parallel stattfindenden Spielen den Überblick zu behalten. Es wäre schön, wenn nichts durchrutschen würde, aber immer klappt das natürlich nicht. Und da alles live übertragen wird, geht es nicht immer fehlerfrei.

Und jeder hat seine Vorlieben. Wer mein Lieblingskommentator im deutschen Fußballfernsehen ist?

Marcel Reif ist und bleibt für mich der beste Kommentator Deutschlands! Dabei sagen die einen, er sei ein »Bayern-Fan«, die anderen, er sei ein »Bayern-Hasser«. Ich sage: »Schmarrn! Marcel Reif ist – wenn überhaupt – Sympathisant des 1. FC Kaiserslautern, weil er dort aufgewachsen ist.« (Nein, das hat überhaupt nichts mit meiner Vorliebe für ihn zu tun …) Und zweitens ist er Fan von gutem Fußball, unabhängig von den Mannschaften, die gerade auf dem Platz stehen. Hauptsache, es gibt ein gutes Spiel! Was wir alle nicht leiden können, sind Partien, die sich dahinschleppen, womöglich noch ohne Sieger. Ja, dann kann auch ein Marcel Reif ungehalten werden. Zu Recht. Warum einen Grottenkick verherrlichen?

Und wie ich mich nach einer Sendung so fühle? Meistens bin ich ausgelaugt, erschöpft nach sieben Stunden Dauerkonzentration, während der Sendung noch unter Adrenalin. Manchmal falle ich nur noch ins Bett. Oder ich bin so gerädert, dass ich am nächsten Tag kaum aus der Koje komme. Ich habe ganze Montage komplett im Bett verbracht vor Erschöpfung. Dazu kommt die Reisetätigkeit. Es gibt schließlich Wochen, in denen ich in sieben oder acht Flieger steige. Das ist gar nicht so selten. Keine Frage, Sie müssen mich deswegen nicht bemitleiden, ich lebe schließlich meinen Traum, ich möchte gar nichts anderes machen. Aber auch gelebte Träume können anstrengend sein. Mehr möchte ich nicht sagen. Und dass sich das alles viel glamouröser anhört, als es eigentlich ist. Dennoch denke ich an die vielen Pendler, die morgens schon um 4.30 Uhr in der S8 Richtung Flughafen sitzen, da werde ich ganz mitfühlend. Und ich freue mich, dass auch unter ihnen viele sind, die meine Liebe zu gutem Fußball teilen!

Fußballfan-Hommage

Fußballfans können ganz schön be»kloppt« sein, vor allem wenn es sich um Anhänger von Borussia Dortmund handelt. Sie wissen schon, der Trainer, aber nicht erst, seit er im Amt ist. Die unendliche Rivalität zwischen dem BVB und Schalke 04 trieb und treibt manchmal sehr merkwürdige schwarzgelbe Blüten. Eine dieser »Blüten« kenne ich persönlich, Janni, ein Dortmunder Ultra Ende zwanzig. Er pflegt eine nun wirklich ungewöhnlich ausgeprägte 04-Phobie. Als er Abitur machen sollte, ging er mit einer Vornote von 1,1 in die Abschlussklausuren. Dummerweise hatte er wenige Tage zuvor die T-Shirts gesehen, die für die Abi-Feierlichkeiten vorbereitet worden waren. »Abi '04« prangte da in großen Lettern auf der Brust der Textilien.

NULLVIER! ABI NULLVIER! Für Janni brach eine Welt zusammen. Er würde Abi NULLVIER machen, und es würde ihn sein Leben lang begleiten. Sein Abitur würde für immer mit den Schlussziffern seines Hassvereins verbunden bleiben. Was für eine Tragödie ungeahnten Ausmaßes. Und so keimte langsam, aber sicher die Idee in ihm, die ihn in Dortmund zu einer kleinen Berühmtheit machte, zumindest in seiner schwarzgelben Welt. Andere schütteln den Kopf, wenn sie die Geschichte hören. Oder sie wedeln sich mit der flachen Hand vor dem Gesicht herum.

Denn Janni schwänzte seine Klausuren nicht. Janni fuhr brav in die Schule. Er setzte sich in jede einzelne Prüfung und wartete auf die Unterlagen. Und jedes Mal gab er die Blätter mit der gleichen Aufschrift ab: »Abi NULLVIER geht gar nicht!« Dann stand er auf und ging nach Hause. Seine Mutter erlitt beinahe einen Nervenzusammenbruch, doch Janni hatte sich entschieden. Und seine 04-Phobie sollte ihm erhalten bleiben: Er steigt in keinen Zug, der vier Minuten nach der vollen Stunde abfährt oder ankommt. Er betritt kein Hotelzimmer, dessen Nummer auf 04 endet. Und er kann sich nicht vorstellen, an einem Vierten eines beliebigen Monats zu heiraten. Allein die Zahl 4 bereitet ihm schon Probleme, und 04 – geht eben gar nicht.

Als ich Janni kennenlernte, habe ich ihm zunächst auf den Kopf zugesagt, dass er vollkommen be»kloppt« sei. Niemand würde freiwillig ein Jahr länger zur Schule gehen, nur weil er sonst Abi »04« machte. Und dann hätte er als BVB-Fan eigentlich konsequenterweise bis zum Abi 09 warten müssen (dem Gründungsjahr des Vereins), oder? Das hätte er vielleicht sogar getan, aber da machte ihm dann doch das nordrhein-westfälische Kultusministerium einen Strich durch die Rechnung.

Ich halte Janni, der inzwischen jahrelang in Argentinien sein Geld als Fußball-Stadtführer verdient hat und ein eigenes Magazin herausgab, zwar immer noch für be»kloppt«, aber wer ihn kennt, der lernt zu verstehen, wie ein Fan ticken kann.

Der englische Arsenal-Anhänger Nick Hornby schreibt in seinem Klassiker »Fever Pitch« (es handelt sich dabei um die erste wirklich gelungene intellektuelle Annäherung an Fußball): »Die Wahrheit ist: Während alarmierend großer Abschnitte eines durchschnittlichen Tages bin ich ein Schwachsinniger. (…) Es kommt zu keiner Analyse, bewusster Selbsterfahrung oder geistiger Strenge, weil Besessenen jede Sicht auf ihre Leidenschaft verstellt ist. In gewisser Weise ist es das, was einen Besessenen ausmacht.«

Und Nick Hornby gesteht weiter: »Wenn wir (Besessenen) jedes Mal bei der Wahrheit blieben, wären wir nicht in der Lage, Beziehungen zu irgendjemandem aus der wirklichen Welt aufrechtzuerhalten. Wir würden zurückbleiben, um mit unseren Arsenal-Programmheften, unserer Sammlung von Originalaufnahmen des Stax-Blue-Labels oder unserem King Charles Spaniel zu verfaulen. Unsere zweiminütigen Tagträume würden immer länger und länger und länger, bis wir unseren Job loswerden und aufhören, zu baden, uns zu rasieren und zu essen …«

Not macht bekanntlich erfinderisch. Und das wusste auch Janni. Für das Derby im schottischen Edinburgh zwischen den Hearts und den Hibs ließ sich vor ein paar Jahren kein Ticket mehr auftreiben. Nicht beim Verein, nicht auf dem Schwarzmarkt, nicht auf der Straße, nirgendwo. Janni hatte alles versucht. »Ich hätte die Mutter von jemandem entführen können und trotzdem keine Eintrittskarte von ihm im Tausch bekommen«, erzählte er.

Viele hätten aufgegeben und wären nach Hause gefahren. Aber doch nicht Janni! Er schlich sich am Tag vor dem Spiel ins Stadion, schloss sich in einer Toilette ein, verbrachte die ganze Nacht dort und kam am nächsten Tag zehn Minuten vor dem Anpfiff wieder raus! Jetzt gibt es aber in Schottland nur Sitzplätze, und Janni hatte kein Ticket. Bevor ein Ordner in irgendeiner Form misstrauisch werden konnte, sah er auf der Tribüne eine Gruppe von Fans, die lieber standen, als zu sitzen, und gesellte sich dazu. Die Gefahr war gebannt. So durfte er miterleben, wie sich in einer turbulenten Schlussphase in der 88. Minute des begehrten Spiels aus einem 2:2 noch ein 4:4 entwickelte. »Die Nacht auf dem Klo hat sich auf alle Fälle gelohnt«, erzählte er später grinsend dem Journalisten Jochen Breideband.

Der junge Mann aus dem Ruhrgebiet hat schon viele verrückte, bunte und interessante Fußballgeschichten erlebt, denn er zählt auch noch zu der ganz besonderen Fan-Gattung der Groundhopper. Das bedeutet, er sammelt Spiel- und Stadienbesuche wie andere Briefmarken oder Schneekugeln, ein ungemein reiseintensives Hobby.

Janni war schon beinahe überall, von Argentinien bis Andorra, von Brasilien bis Belgien, von Spanien bis Südafrika. Fragt man ihn, wo es am besten ist, dann schwärmt er von Südamerika. Ob 1. Liga oder Amateurfußball, ob weltweit bekannte Derbys oder absurde Kicks in tiefster Provinz. »Irgendwann möchte ich gerne in jedem

Land der Welt mindestens ein Fußballspiel gesehen haben«, sagt Janni. Wann immer ich mit ihm telefoniere, höre ich im Hintergrund die Geräuschkulisse eines Fußballplatzes, er schaut sich schließlich auch Jugendspiele des BVB an.

Derzeit hat Janni 56 Länder auf seinem Groundhopper-Konto. In Südamerika hat er nichts ausgelassen, Schwarzafrika und Asien sind noch die weißen Flecken auf seiner Fußball-Landkarte. Mehr als 600 Stadien hat er schon besucht, bei den Spielen hat er aufgehört zu zählen. In seiner früheren Wahlheimat Buenos Aires war er besonders aktiv. »Das Paradies für Groundhopper«, sagt er. Dort gibt es auch wirklich 80(!) Klubs in einer Stadt, jeden Tag Fußball, Fußball, Fußball. Dort arbeitete Janni auch als »Fußballfremdenführer«. Er zeigte seinen Kunden einfach jeden Platz, der wichtig war für die argentinische Fußballgeschichte. Und da das in Buenos Aires nicht wenige sind, dauerten die Rundfahrten auch gerne einmal länger.

Janni hat in Argentinien alle Klubs der professionellen Ligen gesehen. »Ich bin in der Szene nur ein kleines Licht«, sagt Janni und erzählt von einem Hopper aus England, der seinen Ground nur zählt, wenn er einen Ball aufs Spielfeld zurückgeköpft hat. Auf der Insel gibt es auch den »Klub der 92«, in dem nur Mitglied werden darf, wer alle 92 englischen Profiklubs live in deren Stadion gesehen hat.

Janni liebt den BVB und Fußball, und wer solche Fans kennt, die darauf schließen lassen, dass das Wort »Fanatismus« damit tatsächlich etwas zu tun hat, der wird auch ihren Unmut über Transfers besser verstehen können.

Jemand, der jeden Pfennig dem Verein schenkt, dem Fußballgott und der Freude am Stadionbesuch, ein Fan, der gleichsam seine Seele dem Verein schenkt, der betrachtet mit Ärger, dass Spieler sich nicht mehr mit dem Verein identifizieren, bei dem sie kicken. Beim BVB lautet der Vereinsslogan »Echte Liebe«, und für die meisten Menschen im Verein und im Umfeld gilt das auch.

Wenn aber Mario Götze, der erst wenige Monate zuvor auf die

»Echte Liebe« eingeschworen wurde, dank einer eingebauten Ausstiegsklausel für 37 Millionen Euro zum FC Bayern München wechselt, können das nicht alle Fans nachvollziehen, um es milde auszudrücken. Ein branchenübliches Verfahren übrigens auch noch, das mit der »Ausstiegsklausel«, bei dem der »verlassene« Verein nicht einmal im Vorfeld informiert werden muss, geschweige denn informiert wird.

Für viele BVB-Fans war Mario Götze ein Verräter. Einer sang ihm im Internet noch ein Lied hinterher mit dem Text: »Mario Götze Fußballgott, schenk uns noch einmal den Henkelpott, dann kannst du ziehen zu den Bayern ...« Den Rest verschweige ich hier lieber. Nur ein Transfer zum FC Schalke 04 wäre in den Augen der schwarzgelben Anhänger wohl noch grausamer gewesen.

Verstehen Sie mich nicht falsch: Kein halbwegs intelligenter Fan ist so verrückt, die Gesetze des Marktes nicht zu kapieren oder sie zu ignorieren. Und junge Menschen sollen sich ja auch weiterentwickeln, dem Ruf eines international anerkannten Trainers folgen können (wie im Fall Götze) und dem Ruf des noch »stärkeren« Vereins. Doch tief im Inneren hält ein Fan an einer gewissen romantischen Vorstellung von seinem Verein fest. Das tue ich auch. Ehrlich. Gerade in Bezug auf meinen Club. Vielleicht, weil ich eine romantische Vorstellung von Treue habe, an der ich festhalten möchte.

Zum 70. Geburtstag habe ich meiner Mutter eine Reise nach Madrid geschenkt inklusive Besuch des Halbfinal-Rückspiels Real gegen den BVB. Mit dem Taxi fuhren wir ins Stadion, das im Gegensatz zu vielen neuen Stadien inmitten der Stadt im Wohngebiet liegt.

Die Menschen drängten sich zum Halbfinale rund um die grauen Betonmauern, meine Mutter ging uns vor dem Bernabéu noch beinahe verloren, doch schließlich schafften wir es auf die Plätze. Erste Reihe, nicht die billigen Pläze. Meine Mutter war schließlich noch nie in einem derart riesigen Stadion gewesen.

Vor 80 350 Zuschauern, darunter 8000 Dortmunder Anhänger, schaffte es der BVB, der das Hinspiel 4:1 gewonnen hatte, nach einem wirklich kriminell spannenden Spiel am Ende ins Finale. Sie werden sich vielleicht erinnern?

Zum ersten Mal seit 15 Jahren stand der BVB wieder in einem Champions-League-Endspiel. Wir ließen uns mit der Menge treiben, und so zogen meine Mutter, mein Vater (im Dortmund-Trikot, da wollte er dann doch Farbe bekennen als Kind des Ruhrgebiets) und ich noch durch die Altstadt von Madrid.

Wir trafen unter anderem den bekannten Fußballkommentator Hansi Küpper und seine ganze Familie, logischerweise etliche BVB-Fans – inklusive Phobiker Janni. Der zog mich und meine Mutter spät in der Nacht noch in eine Kneipe, in der sich auch Kevin Großkreutz das ein oder andere Kaltgetränk im Kreise seiner Kumpels gönnte. Kevin entpuppte sich als ein echtes Unikat. Er hat die Dortmunder »Skyline« als Tattoo auf der Wade, wahrscheinlich ist er der einzige Ultra unter den Profifußballern. Deshalb trägt er nach dem Spiel zwar brav den BVB-Ausgehanzug, trifft sich dann aber noch mit seinen alten Kumpels in der Kneipe. Er ist einer von ihnen geblieben.

Ich gratulierte ihm kurz, es war mir etwas unangenehm, wie ich oben schon gesagt habe, halte ich gerne etwas Abstand zu den Fußballern. Dann aber fiel mir ein, dass meine Mutter ja noch hinter mir im Gedränge stand, ich schob sie kurz vor mich und sagte: »Mama, darf ich vorstellen, das ist Kevin Großkreutz.« Sie schaute mich verständnislos an. »Er hat mitgespielt«, ergänzte ich. Plötzlich weiteten sich ihre Augen freudestrahlend, ein Lächeln wanderte über ihr Gesicht, und sie umarmte ihn kurzentschlossen. »Junger Mann«, rief sie, »das haben Sie ganz toll gemacht heute! Ich war das erste Mal im Stadion, es war absolut großartig! Ich bin wirklich stolz auf Sie und drücke Ihnen die Daumen fürs Finale!« Nach einem Küsschen rechts und links verschwanden wir wieder im

Kneipengewühl. Ich bin mir ganz sicher, dass meine Mutter Kevin Großkreutz in Erinnerung bleiben wird. So wie der ganze denkwürdige Abend in Spaniens Hauptstadt. Und wir wussten alle: Unser nächstes Ziel hieß Wembley!

Wembley calling!

Die Welle, die im Frühjahr 2013 über Deutschland hinweg-
schwappte, lässt sich mit einem langen Wort beschreiben: Fußball-
hysteriesuperirrsinn. Es hatte sich schon im Dezember angedeutet,
dass es eine grandiose Saison für deutsche Klubs werden könnte.
Gleich sieben deutsche Teams überwinterten im internationalen
Wettbewerb, das hatte es noch nie zuvor gegeben. Doch während
die Titelträume in der Europa League schnell zerplatzten, gipfelten
sie in der Champions League im »German ›Clásico‹«. Das German
Endspiel! Das Duell der Giganten! Dortmund gegen Bayern im
wichtigsten Endspiel des europäischen Vereinsfußballs. Fußball-
hysteriesuperirrsinn eben.

Kein Superlativ schien zu groß für diese Partie, die einfach jeden
elektrisierte. Sogar Menschen, die sonst nichts mit Fußball am
Hut hatten, freuten sich auf den gewissen Samstag in London.
Klopp gegen Heynckes, Sammer gegen Watzke, die Transfer-
geschichten um die Noch-Dortmunder Lewandowski und Götze,
alles zusammen ergab den denkbar brisantesten Cocktail, einen
Garantieschein für echten Nervenkitzel. Dazu die legendäre Kulisse des Wembley-Stadions, der Tempel, über den der große Pelé
einst gesagt hat: »Wembley ist die Kathedrale des Fußballs, sein
Herz und sein Zuhause.«

Schon aus dem Flugzeug bot sich mir ein perfekter Blick auf den
133 Meter hohen Bogen, der den Neubau überspannt. In mir krib-
belte es, immerhin war ich noch nie in London gewesen. Prompt
stand ich an der falschen Immigration-Schlange und brauchte fast
eine Stunde, während die Kollegen schon längst im Taxi auf dem
Weg ins Hotel saßen.

In Wembley findet jedes Jahr das FA-Cup-Finale, also das Entscheidungsspiel des englischen Fußballverbands, statt, so wie im Berliner Olympiastadion das DFB-Pokal-Endspiel. Der Bau hat über eine Milliarde Euro verschlungen und dauerte ein Jahr länger als geplant. Auch Engländer können nicht alle Zeitpläne einhalten, das sei den Berliner Flughafenbetreibern zum Trost gesagt … Und jetzt war es an zwei deutschen Mannschaften, sich dort ihren Platz in den Annalen des Fußballs zu sichern.

Überhaupt, in Wembley wurde schon immer Fußballgeschichte geschrieben, im alten Stadion, wie nun auch im Neuen. Kennen Sie die Geschichte von dem umstrittensten Tor der Fußballgeschichte? Es war ausgerechnet ein Tor in einem Weltmeisterschaftsfinale, und einer der Gegner war die deutsche Nationalmannschaft. Der Torschütze: Sir Geoff Hurst. Er erzielte das Tor zum 3:2 im Endspiel, der Ball prallte gegen die Latte, sprang ab auf die Torlinie und wieder heraus aus dem Tor. Der Schweizer Schiedsrichter Gottfried Dienst entschied damals nach Intervention des sowjetischen Linienrichters Tofiq Behramov auf Tor. Das Spiel endete 4:2 nach Verlängerung, England wurde Weltmeister.

Vom Zeitpunkt her gestaltete sich das »deutsche« Champions-League-Finale dann auch als echter Dolchstoß ins englische Fußballherz, da ausgerechnet im Jahr 2013 die FA ihr 150-jähriges Bestehen feierte. Die Premier League mit ihren horrenden Einnahmen und Spielergehältern hatte sich immer als die beste Liga Europas fühlen dürfen, doch nun sollten sich in Wembley, im englischen Heiligtum, zwei deutsche Mannschaften gegenüberstehen, die dann auch noch im Halbfinale jeweils Barça und Real geschlagen hatten. Konnte es sein, dass es sich nicht nur um eine Momentaufnahme, sondern schon um eine Wachablösung handelte? Spanien trat ab, Deutschland an.

Am frühen Nachmittag machten wir uns auf den Weg zum Stadion. Was für ein imposanter Bau. Im Bauch des Stadions führen Rolltreppen auf die steilen Ränge. Ich bin mir sicher, niemand kann sich der Atmosphäre in diesem Stadion entziehen. Und dann erst bei so einem Spiel. Ich jedenfalls war begeistert.

Leider wurde meine Vorfreude auf das Spiel durch die Eröffnungszeremonie extrem getrübt. Was um Himmels willen hatte man sich bei der UEFA dabei nur gedacht? Eine Darbietung mit Schwertern, Knüppeln und Äxten, Schlachtgetümmel vor dem Endspiel? Die Choreografie war von außerordentlicher Geschmacklosigkeit. Während sonst vor einem solchen Spiel an Friedfertigkeit und Toleranz appelliert wird … Der »Spiegel« schrieb: »Wenn dort mal eine Lanze bricht, dann höchstens für die Völkerverständigung.« Diesmal aber gingen zwei Schauspielertruppen in Vereinsfarben mit Knüppeln und Schilden, Schwertern und Äxten, Pfeil und Bogen bewaffnet aufeinander los. Unfassbar!

Dabei entdeckte ich Einzelheiten, die so manchem echten Fußballfan aus einem ganz anderen Grund bekannt vorgekommen sein dürften. Mit Schlagstöcken bewaffnete Menschen, die rhythmisch auf ihre Schilde trommelten, erinnerten sie bestimmt an Bereitschaftspolizisten in Formation, die das auch manchmal machen, um ihren Gegenübern nachdrücklich die eigene physische Überlegenheit zu verdeutlichen …

Krönung des Schauspiels war der Auftritt von Paul Breitner und Lars Ricken in Fantasieuniformen. Breitner, das Kinn vorgereckt, die Miene entschlossen, zeigte sich in einer der kriegerischen Atmosphäre angemessenen Form – dabei hatte er sich in den Siebzigern, als er zum Wehrdienst eingezogen werden sollte, wohl vor den Feldjägern im Kohlenkeller versteckt. Uli Hoeneß habe ihn damals verleugnet, vertraute er einst der »Bild«-Zeitung an. Als Zuschauer war man jedenfalls fast schon erleichtert, als Ribéry, Robben, Hummels, Reus und die anderen dann doch unbewaffnet auf den Platz kamen.

Immerhin ließ das Spiel keine Wünsche offen. Bis Mitte der ersten Halbzeit zeigte Dortmunds Elf eine Leistung, die selbst die Berufsoptimisten unter ihren Fans nicht erwartet hatten. Mit mutigem Pressing weit in der gegnerischen Hälfte ließ sie die Bayern beinahe gewöhnlich aussehen. Minutenlang gelang dem Rekordmeister kaum ein Pass nach vorne. Manuel Neuer musste so oft eingreifen wie selten zuvor in einem Champions-League-Spiel im Bayern-Trikot.

Und jeder wusste: Bei diesem Spiel konnte der BVB alles gewinnen – und die Bayern alles verlieren. Doch sie befreiten sich, Arjen Robben, ausgerechnet einer der Elfmeter-Versager aus dem Vorjahresfinale, erzielte kurz vor Abpfiff den Siegtreffer, und am Ende stand für die Bayern, trotz einer Vielzahl von Unkenrufen im Vorfeld, der größte Triumph in der deutschen Fußballgeschichte fest. Die mögliche Fallhöhe machte diesen Sieg umso bedeutsamer. Am Ende zeigten die Bayern Mut und einen unbändigen Willen, dem man nichts von Versagensangst anmerkte, was mir persönlich den größten Respekt abverlangte. Denn vor der drohenden Apokalypse in dieser Form die Ruhe zu bewahren und nie das eigentliche Ziel aus den Augen zu verlieren gelingt nur wirklich großen und gereiften Persönlichkeiten. Man mag es als das herausragende Verdienst von Jupp Heynckes ansehen, dass er es geschafft hat, den jungen Spielern genau das richtige Maß an Wertschätzung und Anerkennung mitzugeben, um stark genug zu sein, die Meisterschaft, die Champions League und den DFB-Pokal zu gewinnen. Das »Triple«.

Meine Nacht in Wembley endete in der letzte »Tube«, der letzten U-Bahn Richtung City. Wir mussten das Ticket schon gar nicht mehr bezahlen, die Londoner hatten ein Einsehen mit der schier unendlichen Masse von müden Fans. Gegen 1.30 Uhr in der Nacht war ich endlich wieder im Hotel, wo Lothar Matthäus mit Kollegen noch im Restaurant saß. Wir plauderten eine Weile, er berichtete, dass seine Freundin Anastasia im Dortmund-Trikot daheim vor dem Fernseher sitze – und ich durfte feststellen, dass er nicht von sich in der dritten Person sprach und sich auch nicht aufplusterte. Oder wie mein Kollege Michael Leopold hinterher sagte: »Der war ja richtig nett!«

Eine Stunde später lag ich im Bett. Nein, ich bin nicht inzwischen zu alt für langes Feiern nach tollen Fußballereignissen, doch ich war für den nächsten Tag eingeplant als Laudatorin, und zwar sollte ich in München die Auszeichnung für die »beliebteste Spielerfrau des Jahres« übergeben und die Lobesrede halten. Doch auf dem Weg zum Flughafen platzte der Reifen meines Taxis, ich verpasste den Flieger und stand zwischen zigtausend Menschen, die alle nach dem Spiel zurück nach Deutschland wollten. Am Ende hatte ich eine geniale Idee, mir fiel ein, wer mir noch helfen könnte: Der DFB-Präsident Wolfgang Niersbach ist von Natur aus ein sehr hilfsbereiter Mensch … Und zum Glück ergatterte das Reisebüro des DFB für mich den letzten Platz auf einem Flug nach Frankfurt, den ich vor Ort kurzfristig nach München umbuchen konnte. Und so kam ich doch noch am Sonntagabend rechtzeitig zur Spielerfrau des Jahres.

… die sich am Ende als irrsinnig nett entpuppte. Wer es war? Die Spielerfrau des Jahres 2013 war Cathy Fischer, die Freundin von Mats Hummels. Was für eine Ironie, immerhin eine Trophäe für das Dortmunder Lager und das aus meiner Hand …

Jupp, Basti und das »Triple«

Die kalten Duschen wollten gar nicht aufhören – immer und immer wieder ergoss sich der Gerstensaft über Jupp Heynckes. Wie junge Hunde tollten seine Spieler auf der Tartanbahn des Berliner Olympiastadion herum, gigantische Gläser voll Weißbier in den Händen. Im Zehnsekundentakt schleppten Schweinsteiger, Ribéry, Neuer und Co. Bier herbei und gossen es ihrem Trainer ins Genick. Der graue Anzug glänzte nassschwarz im Flutlicht, und immer wieder schüttelte er sich vergeblich die süßherbe Flüssigkeit aus dem Haar oder wischte sie sich aus dem Hemdkragen. Dabei verbeugte er sich vor den Akteuren und dem Publikum. Er zog imaginäre Hüte, wagte sogar ein kleines Tänzchen. Ein spitzbübisches Lächeln lag auf seinem Gesicht.

»Ich glaube, er spürt jetzt die Wertschätzung, nach der er sich so gesehnt hat«, sagte Matthias Sammer zu mir im Interview, als er die Bilder sah. Die Bayern hatten gerade mit einem 3:2 über den VfB Stuttgart im Pokalfinale das »Triple« klar gemacht, als erste deutsche Mannschaft überhaupt.

»Ich habe sehr, sehr viel von Jupp Heynckes gelernt«, ergänzte Sammer, der von der Akribie und der Menschlichkeit des Coaches schwärmte.

Zumindest die Bierduschen, so machte Heynckes später klar, werde er nicht vermissen. Er sei jetzt sehr froh, dass er nie wieder eine Bierdusche abbekommen werde. Zumindest nicht in einem deutschen Stadion. Wie gut ich es ihm nachfühlen konnte! Ich blieb an dem Abend verschont, sollte aber auf der Meisterfeier meine Portion Gerstensaft abbekommen.

Der Super-GAU für die Münchner war nicht nur abgewendet. Die Bayern hatten das »Triple« geholt und damit auch die Schmach der vergangenen Saison wettgemacht. Das Ausmaß des Triumphs hatte eben viel mit der bayerischen Vergangenheit zu tun – vor allem mit dem Tag im vergangenen Jahr, an dem der FC Bayern zum ersten Mal wirklich k. o. gegangen war. Und auch in meiner Erinnerung war dieser Tag eigentlich traumhaft schön gewesen.

Kaum ein Wölkchen hatte den tiefblauen Himmel über dem Englischen Garten getrübt, die Menschen saßen auf Bänken in der Sonne, sie redeten, und bisweilen sangen sie auch. Bierkrüge klirrten, die grünen Blätter der Bäume rauschten sanft im Wind. Echtes Münchner Weißbierwetter eben.

Das Spiel sollte doch eine »gemähte Wiese« sein, wie der Bayer gerne sagt, also eine klare Sache. Was sollte denn schon schiefgehen. Der Gegner Chelsea bestand aus einer Ansammlung von alternden Stars wie Didier Drogba, die den Zenit ihrer Karriere längst überschritten hatten. Alles schien angerichtet für die große Lederhosen-Party.

Doch leider hatten die Bayern den Willen dieses Drogba deutlich unterschätzt. Das Kraftpaket aus Afrika, Spitzname »Büffel«, kam mit einer Last von vier verlorenen Endspielen im Gepäck zum Spiel. Zweimal war er mit der Elfenbeinküste im Finale des Afrika-Cups gescheitert, einmal mit Marseille im UEFA-Cup und einmal mit Chelsea im Champions-League-Finale.

Auf Drogba lastete zudem die Bürde, dass er gerade beim FC Chelsea aussortiert worden war, und ob er überhaupt noch einmal in der Königsklasse auflaufen würde, stand in den Sternen am Fußballfirmament. Es sollte am Ende sein unbeugsamer Wille sein, der die Bayern in die Knie zwang und ihnen diese blamable Niederlage verpasste im Champions-League-Endspiel im Münchner Stadion 2012.

Ungläubige Blicke huschten durch das Rund, während Drogba und seine Kollegen durchs Münchner Stadion hüpften. Desaster, gramgebeugte Fans, die Stimmung nach dem verlorenen Finale –

nun, Beerdigungen sind schöner. Selbst wer die Bayern nicht leiden konnte, dachte sich: So was hat keiner verdient. Wirklich keiner.

Und was würde aus Bastian Schweinsteiger? Ein verbitterter Frührentner? Der Christian Wulff der Fußballhemisphäre? Nichts von alledem. Ein Jahr später, in Berlin, ging er in die Geschichtsbücher ein.

Vielleicht ist es das, was mich so am Fußball fasziniert. Ja, nicht nur das Spiel. Auch wie Sportler mit Niederlagen umgehen, dass sie einfach nie aufgeben und mit Leidenschaft ihre Ziele verfolgen.

Kurz nach dem »Triple«-Erfolg stand ich in Berlin auf dem Rasen und sprach mit Schweinsteiger. Ich wollte eigentlich nur ein ganz kurzes Interview führen, wenige Sätze, viele Emotionen, was eben so verlangt wird in den Medien. Die Sendezeit war knapp, die Fragen noch knapper.

Doch dann geschah etwas Unerwartetes. Mitten auf dem Platz, im Trubel von achtzigtausend Menschen, fanden wir Stille. Bastian Schweinsteiger erzählte von seinem Jahr, was in ihm vorging, und er hörte nicht mehr auf. Und weil er uns allen diesen Blick in seine Seele gewährte, wollte ich ihm genau zuhören. Ich zog den Knopf aus dem Ohr, der mich mit der Regie verband. Ich wollte nicht hören, wie jemand »letzte Frage und Danke« sagte, nur weil das Interview ein paar Sekunden zu lang werden könnte. Da das Gespräch aufgezeichnet wurde, dachte ich mir: Egal, sie können es ja hinterher zurechtschneiden.

Doch der Aufrichtigkeit dieses Menschen konnten sich auch meine Kollegen nicht entziehen. Eigentlich hatten sie nur maximal zwei Minuten vom Schweinsteiger-Interview bringen wollen, doch dann entschied Karl Valks, der für die Sendung verantwortlich war: Wir senden es komplett. Da war sie am Werk, die Magie der Ehrlichkeit und auch der Verletzlichkeit, die uns alle fasziniert. Die Sendezeit wurde am Ende überzogen, aber wie oft geschieht es aus minderen Gründen. Zumindest in meinen Augen war es das wert in diesem Fall. Davon bin ich überzeugt.

Und so, wie selbst die Bayern-Hasser nach dem Champions-League-Finale 2012 gesagt hatten: Das verdient niemand, so sagten sie 2013: Wir gönnen es Jupp Heynckes. Eine ganze Nation gönnte ihm das »Triple«.

Nach dem »Triple« feierten die Bayern zunächst in der Berliner Dependance ihres Hauptsponsors Telekom, danach hatten die Organisatoren der Party noch den Club im Hotel »The Grant« gemietet. Dort ließ es Don Jupp auch noch einmal richtig krachen. Ob das, was er da an rhythmischen Bewegungen bis in die frühen Morgenstunden veranstaltete, wirklich als Tanzen zu bezeichnen ist, möchte ich nicht beurteilen müssen.

Ja, ich war auch persönlich involviert, denn Sie wissen ja, Heynckes und ich sind beide fußballverrückte Hundebesitzer, und so verbindet uns immer die Frage nach dem Hund des anderen.

Als Heynckes dann mit allen Ehren verabschiedet wurde, habe ich mich wirklich irrsinnig für ihn gefreut. Mein Vater sagt in so einem Moment gern zu mir: »Und jetzt ab unter die Dusche!« Was bedeutet: Auf dem Höhepunkt soll man abtreten. Und wie es sich fügt, hat Heynckes sich in diesem Fall sogar nach der Regel meines Vaters gerichtet …

Drei Tage nach dem Triumph erklärte er jedenfalls seinen Rückzug, und ich bin Pressefrau genug, um mir den Unterschied zwischen Rücktritt und Rückzug auf der Zunge zergehen zu lassen. Wie auch immer: Sein künftiges Leben soll Kino, Konzerte, Spaziergänge mit Ehefrau Iris und seinem geliebten Cando beinhalten. Nach der kräftezehrenden Gala-Saison möchte der Triple-Triumphator endlich einmal so etwas wie Privatleben genießen. »Ich bin jetzt achtundsechzig, und es gibt auch ein Leben nach dem Berufsleben, deswegen werde ich mich erst mal zurückziehen.«

Ein Versprechen, dass ihm seine Frau Iris schon ein Jahr zuvor abgerungen hatte. Doch auch Heynckes weiß: Niemals geht man so ganz ...

Und er gab auch noch eine Anekdote preis: Uli Hoeneß habe ihn im vergangenen Jahr gefragt, ob der FC Bayern nicht irgendwann wie Barcelona spielen könne. »Uli, ich kann dir heute sagen: Der FC Bayern spielt nicht wie Barcelona. Der FC Bayern spielt moderner und zeitgemäßer und erfolgreicher.« Das Erbe für Pep Guardiola ist schwer. Und ich freu mich geradezu spitzbübisch, dass ich auch dessen Karriere weiterverfolgen werde, und zwar von Berufs wegen.

Als ich Bastian Schweinsteiger fragte, was er am meisten an Jupp Heynckes vermissen werde, antwortete er schelmisch: »Montags macht er immer so merkwürdige Stabilisationsübungen. Das hatte was. Also auf die zu verzichten wird vermutlich schwer ...«

Wir werden ihn alle in der Bundesliga vermissen. Aber ich bin mir sicher, bei diversen Spaziergängen mit Cando wird er merken, dass es auch abseits des Fußballs wunderbare Dinge zu entdecken gibt. Aber die Frage ist: um Himmels willen, welche ...

Pokernächte

Der Anruf kam aus heiterem Himmel. Meine damalige Agentin Anke Lönne schien völlig verdattert, als sie mir auf die Mailbox sprach. »Du, Jessi, du musst mich unbedingt zurückrufen! Jörg Grabosch will dich engagieren!«

Jörg Grabosch? Mich? Ich konnte es kaum fassen. Wenn in der Fernsehlandschaft der Name Jörg Grabosch fällt, ergibt es den gleichen Nachhall wie bei Harvey Weinstein in Hollywood. Ganz großes Kino eben. Grabosch war Mitbegründer der TV-Produktionsfirma Brainpool, die alle wichtigen Sendeanstalten beliefert. Gemeinsam mit Stefan Raab hat Grabosch Brainpool zu einer der wichtigsten TV-Schmieden Deutschlands gemacht. Raab brilliert als ehrgeiziger Entertainer, Grabosch als großartiger Produzent mit unglaublichem Gespür fürs Publikum.

Und sie scheuen sich nicht, auch mal etwas Neues auszuprobieren. Vielleicht war das mein Glück, denn ich durfte den Job von Oliver Welke bei der »TV Total PokerStars.de Nacht« übernehmen. Kleiner Einwurf: Oliver Welke hatte aus freien Stücken aufgehört, da er mit seiner »Heute Show« einfach zu stark eingebunden war. So also kam ich von einem Tag zum anderen vom Fußballspiel zum Pokern.

Und was macht frau vor dem ersten Auftritt? Sie geht zum Schuh-Shopping! Zum ersten Mal kaufte ich mir ein paar sündhaft teure Schuhe. Echte Louboutins. Die Fashionistas unter den Leserinnen wissen Bescheid. Für alle anderen: 'ne Woche Mallorca kommt billiger.

Für die Sendung erhielt ich professionelles Poker-Coaching, spielte kleinere Turniere und bekam langsam ein Gefühl für dieses ungewöhnliche Spiel. Für mich ergab sich schnell eine Parallele zum

Fußball: Mit dem Pokern ist es wie mit dem DFB-Pokal und der Bundesliga. An einem besonders guten Tag kann auch ein Amateurclub eine Profimannschaft schlagen. Über einen längeren Zeitraum setzt sich Qualität immer durch.

Und wie beim Fußball geht es beim Poker auch um sehr viel Geld, so hatten wir Pius Heinz zu Gast, der sich am 9. November 2011 im Finale der World Series gegen den Tschechen Martin Staszko durchgesetzt und sich den ersten Platz mit etwa 8,7 Millionen US-Dollar Preisgeld! gesichert hatte. Damit war Heinz auch der erste Deutsche, der das World Series of Poker Main Event gewinnen konnte.

Und – sagte ich, Qualität setzt sich durch? Erfahrung zumindest! Dieser Weltmeister, der die ganze Zeit mit den Chips herumklackerte, um alle Gegner nervös zu machen, triumphierte am Ende auch bei uns. Er konnte seine Gegner am besten einschätzen, er wusste nach wenigen Runden, wer wie spielen würde, und dann brauchte er auch kein Glück mehr, sondern nur noch Können. So viel zu dem Vorwurf, Poker sei Glücksspiel, nicht Sport, den Sie sicher auch schon mal gehört haben.

Inzwischen habe ich viele Situationen erlebt, in denen auch das »Glück« eine große Rolle spielte. Dennoch halte ich Poker für einen interessanten Wettkampfsport, und außerdem gibt es wenige Spiele, bei denen die Psychologie so entscheidend ist wie hier. Wer hält welches Blatt, was denkt der Gegner über meine Karten, wie erzähle ich einen glaubwürdigen Bluff, und wie bringe ich die nötige Aggressivität an den Tisch? Das sind die Dinge, um die sich das Pokerspiel dreht.

Meine Fragen in der Sendung beantwortet Michael Körner, unser fantastischer Kommentator, der wirklich Ahnung von der Materie hat, und Jan Heitmann von PokerStars.de gibt zwischendurch Unterricht. Die meisten Promis spielen ja recht anarchisch, weil sie gar nicht genau wissen, was sie da auf der Hand haben. Jeanette

Biedermann hat mal die sogenannten Nuts weggeworfen – das ist das beste Blatt, das man in der Hand an dieser Stelle haben kann! Sie wusste es einfach nicht.

Eine meiner Lieblingsausgaben wurde im September 2012 ausgestrahlt: Cindy aus Marzahn aß zwischendurch Stullen und schmiss sich an den »Wendler« heran, Stefan komponierte quasi während der Sendung eine neue Eröffnungsmelodie, und Klaas Heufer-Umlauf vergaß irgendwann seine gute Kinderstube …

Ich werde auch nie vergessen, wie nach der ersten Sendung (übrigens mit Stefan Raab, Elton, Helge Schneider, Star-Geiger David Garrett und Erfolgsautorin Charlotte Roche) zwei Tage später das Telefon klingelte, und der Anrufer sagte: »Hallo, hier ist Stefan.« Ich überlegte fieberhaft. Stefan? Nichts klingelte. Ich kannte privat keinen Stefan. Zumindest keinen, der meine Handynummer haben könnte.

»Hallo?«, antwortete ich fragend.

»Hier ist Stefan. Stefan Raab.«

Ach soooo! Stefan Raab! Ja klar, logo, der Stefan! Ruft ja sowieso dauernd bei mir an, hat 'ne Standleitung, genau wie Obama und der Yeti. Klaro!

Doch er war es wirklich, bedankte sich für meine Arbeit und wünschte mir viel Glück für die kommenden Sendungen. Ich war geplättet. Stefan Raab bedankte sich bei mir? Hä? Seit wann wedelt der Schwanz mit dem Hund? Ich freute mich auf jeden Fall sehr und freue mich immer sehr auf die nächste Pokernacht. Dass ich später auch noch mit Oliver Pocher durch die Sky-Abendshow »Samstag LIVE!« führen würde, das war auch bei meinen ersten Schritten im Journalismus nicht zu erwarten. Mit solchen Situationen hätte ich jedenfalls nie im Leben gerechnet, als ich mein Volontariat bei der Zeitung angefangen habe …

Epilog

Jetzt, wo dieses Buch fertig geschrieben ist, fällt mir auf, wie vielen wunderbaren Menschen ich im Laufe meiner sportjournalistischen Karriere begegnet bin. Und wie viele mich geprägt haben. Und doch sind einige geblieben, wir begegnen uns immer wieder. Kreise schließen sich, andere werden geöffnet. Manche Journalisten wechseln die Seiten, andere gar die Branche.

Der Fußball bleibt.

Ich gehe immer noch am liebsten ins Stadion, und von mir aus darf das noch jahrelang so weitergehen. Ich freue mich über die jungen Mädchen, die sich mittlerweile immer zahlreicher für Fußball interessieren, und ich kann nur an alle Damen appellieren: Lassen Sie sich nicht abschrecken!

Im vergangenen Jahr holte übrigens auch eine Frauen-Fußballmannschaft das Triple. Der VfL Wolfsburg nämlich. Günter Netzer, Wolfgang Niersbach und ich sahen uns das Champions-League-Finale an der Stamford Bridge an gegen Lyon. Und die Nationalmannschaft unter Silvia Neid wurde nur wenig später Europameister!

Wenn Sie aber eher unter Ihrem fußballverrückten Ehemann leiden, empfehle ich Ihnen gerne mein erstes Buch: »Liebe in Zeiten der Champions League – die besten Beziehungstipps für fußballgeplagte Frauen«, ebenfalls hier erschienen im Knaur Taschenbuch. Vielleicht lernen Sie dann auch den Fußball ein Stück weit so zu lieben wie ich. Viel Spaß dabei! Und denken Sie daran:

»You'll never walk alone!«

Danksagung

An dieser Stelle möchte ich zunächst Ihnen danken, Ihnen und allen anderen Menschen, die dieses Buch gelesen haben! Sie haben mir Ihr kostbarstes Gut geschenkt, Ihre Lebenszeit! Dafür danke ich Ihnen von Herzen. Wenn Sie nicht wären, hätte dieses Buch überhaupt keinen Sinn.

Ich möchte mich bei allen Kollegen bedanken, die mit mir so lange diesen Weg gegangen sind, vom ersten Praktikum bis zum Fernsehen, von der schreibenden Zunft bis ins Interne. Und ganz besonders den Menschen, die mit viel Akribie und Herzblut »meine« Fernsehsendungen vorbereiten und die immer wieder mit Mut und Motivation jede Woche von neuem an die Fußballübertragungen herangehen, Ihnen gebührt mein aufrichtiger Dank.

Ich danke meinen Chefs, die mich immer gefordert und gefördert haben, angefangen bei Peter Thiessen, über Horst Konzok, Herbert Jung, Fritz Hautsch, Fedor Radmann, Wolfgang Niersbach, Benno Neumüller, Roman Steuer, Carsten Schmidt und Burkhard Weber. Dass ich einen Beruf ausüben darf, der mich so sehr erfüllt, dafür bin ich zutiefst dankbar.

Und ich danke insbesondere dir, lieber Alfred Draxler.

Ich danke Jörg Grabosch und Stefan Raab, die mir die wunderbare Chance bei Brainpool gegeben haben.

Außerdem gilt mein Dank den wohl wichtigsten Menschen in meinem Leben – meinen großartigen Wegbegleiterinnen: Oezlem Ahmetoglu, Ina Kennel, Sabine Magnet, Iris Wöhrle, Johanna Hölzl, Andrea Grobe, Nicole Sponziello, Simone Wagner und Casha Kellermann. Ihr seid alle fabelhaft!

Natürlich gilt der Dank auch meinen wunderbaren Eltern sowie Sven Froberg, die mich in meiner etwas ungewöhnlichen Berufswahl immer unterstützt haben.

Christiane Malsch, du warst eine der wichtigsten Begleiterinnen meines Lebens.

Und dir, Philipp, weil du einzigartig bist.

Mein Dank gilt außerdem: Wolfram Winter, Walburga Schacht, Sylvia Steger-Kaspar, Mario Nauen, Heinzi Gollnick, Uwe König, Carsten Cassing, Charly Schreiber, Norman Schindler, Marcel Reif, Marco Hagemann, Frank Dammann, Henrik A. und Kristina Schunk, Jochen Rotthaus, Olaf Kramm, Olaf Gehrels, Peter Brandstätter, Jens Lehmann, Anke Lönne, Sascha Rinne, Karl Valks, Rainer Bartels, Andreas Bosbach, Tibor Szilasi, Alessa Aigner, Kati Krawinkel, Klaus Hoffmann, Marco Lamberti, Uwe Philippi, Frank Potrykus, Michael Florian, Karsten Prehn, Hartmut von Karmeke, Birgit Klasen, Gerd Hummel, Michael Opitz, Andreas Rink, Hans-Peter Schmitt, Birte Dargel, Kai Dittmann, Sarah Schaer, Anke Lönne, Andreas Fünfgeld, Ralph Fürther, Christian Sprenger, Stefanie Hess, Caroline Draeger, Peter »Bulo« Böhling, Daniel Häuser, Markus von Luttitz, tbc.

Quellenangabe

Spiegel online, einestages, »Die Geburt der Last-Minute-Bayern«, Christian Seidl

Zeit online, Geschichte, »Mit der Challenger verbrannte ein Traum«, Hellmuth Vensky

Der Spiegel 25/2012, »Der Lothar ist der Lothar«, Thomas Hüetlin

Der Spiegel 10/2000, »Einsam in Manhattan«, Matthias Geyer

Bild.de, »Wie ich Christoph Daum jagte«, Vim Vomland

fussball.de, »Die Faszination des Groundhoppings«, Jochen Breidebank

11freunde.de, »Der Tag, an dem der FC Bayern starb«, Johannes Ehrmann